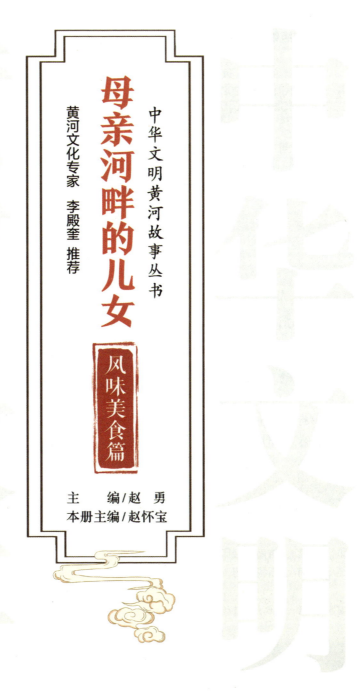

中华文明黄河故事丛书

黄河文化专家　李殿奎 推荐

母亲河畔的儿女

风味美食篇

主　编/赵勇

本册主编/赵怀宝

山东人民出版社·济南

国家一级出版社 全国百佳图书出版单位

图书在版编目（CIP）数据

母亲河畔的儿女.风味美食篇/赵怀宝主编.--济南：山东人民出版社,2023.9

（中华文明黄河故事丛书/赵勇主编）

ISBN 978-7-209-13972-4

Ⅰ.①母… Ⅱ.①赵… Ⅲ.①黄河流域－文化史②黄河流域－饮食－文化 Ⅳ.①K292②TS971.2

中国版本图书馆CIP数据核字(2022)第130805号

母亲河畔的儿女·风味美食篇

MUQINHE PAN DE ERNÜ · FENGWEI MEISHI PIAN

赵 勇 主编 赵怀宝 本册主编

主管单位	山东出版传媒股份有限公司
出版发行	山东人民出版社
出 版 人	胡长青
社 址	济南市市中区舜耕路517号
邮 编	250003
电 话	总编室（0531）82098914
	市场部（0531）82098027
网 址	http://www.sd-book.com.cn
印 装	济南龙玺印刷有限公司
经 销	新华书店
规 格	16开（170mm×240mm）
印 张	11.5
字 数	57千字
版 次	2023年9月第1版
印 次	2023年9月第1次

ISBN 978-7-209-13972-4

定 价 42.00元

《母亲河畔的儿女·风味美食篇》

编审委员会

本册主编： 赵怀宝

编　　委： 胡　霞　何晶晶

主编的话

　　黄河，中华民族的摇篮，是我们的母亲河，是中华民族伟大复兴的坚定信念源泉。

　　黄河，她用母亲的乳汁哺育着中华民族，勤劳、勇敢、善良的中华儿女，在这里繁衍生息，建功立业。

　　黄河，自远古走来，用她那恢宏的气势，博大的胸怀，锻炼出了中华民族坚强不屈、追求自由的精神。

　　黄河，千百年来，诉说着人间的悲欢哀乐，显示着历史的艰难曲折，鼓舞着我们追求新的理想、新的精神世界。

　　黄河啊！你自强不息，生生不已，保持着自己民族丰富多彩的特色，并汇入世界文化的大海。你自尊、自豪、自信、自强；你奔腾流淌，你的文化在世界的东方永放光彩。

　　讲好"黄河故事"，延续历史文脉，坚定文化自信，为实现

中华民族伟大复兴的中国梦凝聚精神力量。

我们抓住了作为中华民族之根的黄河文化，也就抓住了中国历史的根本。由母亲河（黄河、长江）所培育出来的中华民族恢宏的气度胸怀与精神品格，是我们国家富强、民族振兴的精气神。

这套适合青少年阅读的读本，就是要讲好黄河故事，希望青少年从小汲取营养，陶冶心灵，激扬精神，开拓进取，鉴往知来。

我们坚信：黄河文化是实现中华民族伟大复兴，坚定现代中国发展道路最为深厚、最为核心、最为可靠的文化根基和历史依据。

赵勇

2022 年 5 月 20 日

　　一捧黄河水，几千年来奔腾不息，浇灌两岸数省之田地，也灌溉了两岸数省之文化，滋养了黄河沿岸中华儿女的精神和心灵，也慷慨地以繁多的物产哺育了两岸中华儿女，见证了文明的茁壮成长。

　　常言道：靠山吃山，靠水吃水。黄河一脉，美食文化底蕴深厚，就单从面条来说，青海尕面片用一支锅庄舞传递出藏族文化；四川甜水面用甜、咸、辣三味碰撞出巴蜀文化；甘肃牛肉面拓开了丝绸之路，展现了敦煌文化；宁夏蒿子面用味道述说了宁夏文化的传奇；内蒙古自治区的焖面将草原的粗犷与黄河的醇厚体现得淋漓尽致。品味陕西裤带面，感受陕西人民的热情；刀起刀落制成的山西刀削面，不规则的面片显示了山西人民的豪情；一碗河南烩面包容了五千年文明更迭，中和了五湖四海八方口味；山东的炝锅面把咸鲜发挥到极致，鲁菜更是被称为八大菜系之首，孕育了齐鲁文化的直爽与厚重。

    黄河绵延 5464 公里，自西向东流经青海、四川、甘肃、宁夏、内蒙古、山西、陕西、河南及山东 9 个省（自治区）。4 万多平方公里的土地上，人们的饮食各具风味。人们取黄河水灌溉田地，勤劳的中华儿女享受着黄河的馈赠，制作一道道各具特色的美食，抚慰着肠胃。

    "人间烟火味，最抚凡人心。"黄河两岸的各类风味，见证着黄河的滔滔河水，也见证着两岸人民的繁衍生息。君不见黄河之水天上来，青海"三河间"地区的灿烂河湟文化尽显黄河源头的质朴，多民族繁衍生息、交融共生，诞生了尕面片、油馃子、青稞酿皮等具有少数民族特色的风味小吃。同饮一河水的游牧民族与农耕民族，共同创造出丰富多彩的饮食文化。

    "九曲十八弯"是黄河甘肃段的特征，孕育了洋芋搅团、手抓羊肉、兰州牛肉面、靖远羊羔肉等特色小吃。在这里，牛羊肉是绝对的主角。黄河之水在银川平原孕育出一片富足的绿洲，草原文化和农耕文化等在河套地区聚集、碰撞、融合、积淀，形成了兼收并蓄的河套文化，烤全羊、手抓羊肉、油锅牛三宝、酸饭等由此诞生。

    中原文化在黄河中游地区孕育，黄河影响着秦、晋、豫三地文化的形成、碰撞与融合。关中是一马平川的关中平原，土壤肥沃，是面食的王国，水席、烩面和小笼包，温暖你的胃。陕南是崎岖陡峭的秦巴山区，受到巴蜀文化的影响，米饭是常见的主食。山西把

面食玩出了花，种类让人目不暇接，山西被称为"世界面食之根"。

　　黄河下游流速变缓，经山东省菏泽、济宁、泰安、聊城、济南、德州、滨州、淄博、东营九个城市东流入海，黄河流域的文明与海洋文化在此地融合，形成了特色鲜明的齐鲁文化。孔子有云："食不厌精，脍不厌细。"山东不仅有煎饼卷大葱，更有单县羊汤、德州扒鸡、把子肉、油旋等，饮食文化多彩。

　　一个地区的文化孕育出一种风味，一种风味代表一个地区的文化，对于中华民族来说，吃是一件需要认真对待的事。让我们一起走进这本书，领略不同地区的人间风味。

目录

第一章 青海风味

青海是中国五大牧区之一。以粗粮制作的各种小吃和各种羊肉美食奏响了青海美食健康、营养、美味的主旋律，让全世界为之心动。

果洛州风味（油馃子、油包子）

油馃子

果洛藏族自治州地处青藏高原腹地的巴颜喀拉山和阿尼玛卿山之间，是黄河的源头。其实黄河有三个源头，分别是扎曲、约古宗列曲和卡日曲。而卡日曲在历史中从来没有干涸过，所以它被认为是黄河的正源。扎曲、约古宗列曲和卡日曲共同注入扎陵湖和鄂陵湖，之后的河段称为"玛多"，这个地方在行政规划上是果洛州的玛多县。玛多，藏语意为"黄河源头"。

这里的饮食以藏族风味为主，特别是在牧区，大部分牧民以糌粑为主食，食用时还要拌上浓茶或奶茶、酥油、奶渣、糖等。

油馃子是当地人所做的一种面点，它因色泽艳丽、酥脆香甜、品种丰富而被人们津津乐道。每当各种节日时，各家的油馃子争奇斗艳，大街小巷飘溢着油煎食品的诱人芬芳，令人涎水欲滴。馃子品种多达百种，有黄亮脆香、形如拉面的馓子；有色泽金黄、甜软酥脆的鸡蛋馃子；还有造型繁多、色彩鲜艳的花馃

子；更有惟妙惟肖、酥甜爽美、用模具打制而成的海里哇。

　　油馃子是油炸的食物，"牛肋巴"是它的形象比喻，也是最典型的油馃子的形象，将面擀成一指厚的掌子，切成一尺长、半寸宽的条子，再将条子切成两头相连的两条或四条，分开反翻后，即可下油锅炸出。

油包子

在当地，还有一种特别的包子，它里面包的可不是肉馅或者蔬菜，而是满满的油脂。油包子，藏语称"脆馍馍"。它是以牛或羊的油脂作为馅料，把它们剁碎后，加入食盐、花椒粉、葱等调料拌成馅，放入皮里，包制而成。它可蒸、可烤，烤着吃时底面金黄、上面白嫩，馅满面松。

油馃子和油包子这些热量大的高油高糖饮食受到追捧，是因为在古代，黄河源头的人们的生活方式多以游牧方式和农耕方式混合，运动量大，消耗高，填饱肚子不是一件容易的事，这种高热量食物自然受到大家的喜爱。在当地，还有蹄筋、果洛牛肉干、烧羊肝、肉肠、肝肠、青稞炒面、奶油饼、酿皮、牦牛肉干、焜锅馍馍等各种风味美食，如果去那里游玩，一定别忘了尝尝它们呦！

海南州风味（手抓羊肉、尕面片）

手抓羊肉

　　在黄河上游源头的河湟地区，有一个地方叫作海南，但它可不是"碧海连天远，琼崖尽是春"的海南岛，而是高原之上的青海海南州，因地处我国内陆最大的咸水湖"青海湖"之南而得名。很多人都畅想过到这里旅行，但恶劣多变的气候使人们望而却步。然而，正是这独特的地域环境造就了高原美食独特的味道。

　　海南州的美食不仅仅是甜茶和藏面，几千年的繁衍生息，让雪域高原上

的美食有了一番独特的味道。他们的饮食与内地大有不同，高原上的日常饮食以面食、肉食和乳食为主。羊肉是高原美食的基础。青海的羊肉菜在全国闻名，提起羊肉，人们第一个想到的就是青海的手抓羊肉，用当地人的说法，青海的羊"吃的是冬虫夏草，喝的是天然纯水"。仲夏到初冬是草茂羊肥的黄金季节，也是吃鲜嫩可口的手抓羊肉的好时候。

海南人煮大块羊肉堪称一绝。熟嫩，好嚼，油而不腻，作料不多，但香味十足。家中有喜事和有贵客登门时，主人必以大块肉款待，显示对客人的敬重。热情好客的牧人到羊群里挑选出膘肥肉嫩的羊，就地宰杀，扒皮入锅，只需喝三碗奶茶的寒暄功夫，一大盘层层叠叠、热气腾腾的手抓羊肉就端在你面前了。羊肉上还插着几把锋利的藏刀。近似原始的饮食方式，给人一种返璞归真的饮食感受。

当饭食吃到一定时候，主人将煮好的大块羊肉依次摆进一个大瓷盘里，旁边放一把小刀，亲自端到餐桌。主人手一指，示意客人品尝。如果人们不好意思动刀割肉，主人就亲自用刀将大块羊肉剁成小块羊肉，将最好的肉递给年长的客人，此时，客人们就都不客气了，纷纷动起手来，一块一块抓起，吃得有滋有味。

尕面片

"尕"读gǎ，这不是一个常见字，因为"尕"在青海方言里有小的意思，所以尕面片就是指小面片。尕面片是青海人面食中普遍而又独特的家常饭。这种面片不是用擀面杖擀出来的，而是用手揪出来的。

尕面片乃是长途旅行中的快餐。青海地广人稀，草原辽阔，过去人们相互往来，奔走于农牧区之间，路程遥远，中途又少旅店供食宿，跋涉一天之后，日落天黑，往往借水草一隅扎起帐房，立起三石支一口锅，不用案板、切刀、擀面杖等炊具，只要有个碗，冷水拌面，捏成扁长条形，压平、拉长后，再捏扁揪断成小面片入锅，一顿晚餐就到口了。这种长途跋涉中的快餐，有操作简单、省时省事的特点，充饥及时，干脆利落，兼有旅行野炊之乐。如在草原上能找到羊肉下锅，先煮羊肉，后揪面片，这就是有名的"三石一

锅羊肉尕面片"。吃完后，铜锅搭马背，木碗揣怀中，扬鞭驱马再赶前程。青海各族人民在长期生活实践中所创造的食品，由旅途进入家庭厨房，经历了漫长的岁月。从城市饭店到农家小院，青海尕面片成了普及而又享有盛名的面食之一。青海尕面片的品种繁多，成就了青海高原上滋味独特的美食。

尕面片没有固定的配菜，煎、炒、烹、炸都可以，它是青海人的家常便饭，因此也有了一系列的风俗讲究。男方到女方家求婚，女方家如端上面片，男方家就明白了，这是遭到了拒绝，因为面片是揪断了的，意味着"断"。如端上了长长的拉条，表示婚姻可成。如果有远方或尊贵的客人来家，一定不能下面片，否则会失敬伤客。因为在当地人的意识里，尕面片太过于家常和普通，体现不出对客人的尊重。家人要出远门，有的地方专门揪面片送行，据说面片预祝出门人办事利落，马到成功；也有的地方专门下长面叶（如拉条子）送行，据说这种面食是预祝出门人顺利往返的，而吃面片则被认为途中会出差错，办事不成。

尕面片出现在青海各大中小餐厅和农家小院的餐桌上。随着一碗青海尕面片下肚，人们会感觉这是幸福的味道，也是家的味道。

黄南州风味（狗浇尿、焜锅馍馍）

狗浇尿

"狗浇尿"是黄南州地区较为常见的一种面食，是用清油（菜籽油）煎的薄饼，因制作中油壶浇饼的动作形似狗撒尿而被老百姓称为"狗浇尿"。

狗浇尿的用料和制作工序相对简单，但非常讲究。"狗浇尿"这个名字有一种说法，50年代以前，青海当地居民的厨房里垒造的灶台比现在要高得多，厨房灶台上多使用陶制小茶壶盛放清油，因为这样的油壶倒出来的油是

细细的一股，使用起来既方便又节省。

　　过去油料少，在狗浇尿制作的过程中，清油充分融入面饼，没有油料浪费，被油渗透的饼子香软可口，不同于其他油炸食品。"狗浇尿"在民间制作样式有多种，有的和面时用滚烫的开水，有的在面中掺入焜洋芋，有的加入香豆粉，还有的出锅时撒白糖，各种做法都有。出锅时往往会在烙好的油饼上盖上毛巾保温，因此，等油饼全部烙好再揭开，油饼已经被热气熥软，变得柔软起来，这样的"狗浇尿"特别适合牙口不好的老年人食用。

　　对于"狗浇尿"，历史没有详细文字记载，但其制作技艺却大范围普及，家家户户都在食用，"狗浇尿"在河湟饮食文化中占据重要地位，深受该区域老百姓的欢迎。

焜锅馍馍

黄南州属高海拔地区，由于气候原因，缺乏蔬菜，因此当地人们都擅长粗粮细做，面的做法有很多种，味道都比较鲜美。初来青海的人，都称赞青海的馒头"花样多"。其实青海人不叫馒头，而称馍馍，"馍馍"又只是一个总称。

焜锅馍馍的体积比传统的馍馍要大些，外表一般呈金黄色，中间有个圆孔，闻起来香气扑鼻，吃起来外脆内软。藏式焜锅馍馍外表膨胀绽开的裂纹和中间圆孔极像古代铜钱的样子，受到了市民的喜爱。如今在一些馍馍铺和商场、超市里都能见到这种焜锅馍馍，它的身影早已遍布青海的大街小巷。对于它的外形和制作工艺，不少人都很好奇。

焜锅馍馍是在金属的焜锅模具中烤制而成，故群众习惯称之为"焜锅"。焜锅是在普通发面里卷进菜油，抹上红曲、姜黄、香豆粉等民间食用色素，再层层叠叠地卷成红、黄、绿各色交织的面团（藏、回族同胞在和面时，有时掺进鸡蛋和牛奶），揉成和焜锅形状大小相同的圆柱状，放入焜锅内，埋在用麦草为燃料的灶膛或炕洞内的火灰里。因焜锅壁较厚，传热缓慢，麦草燃料火力均匀，热度适中，半个小时即可出锅。烙出的焜锅馍馍，外脆内软，

绽开如花，色彩鲜丽，异香扑鼻。它的特点是省时、省事，制作简单，松脆好吃，携带方便，经久耐贮。它们是逢年过节、串亲访友经常携带的传统礼品，也是每顿饭难离的主食。

　　每个地域都有自己特有的符号，而当地的特色小吃最能直观反映一方土地的风土人情。焜锅馍馍不但成了人们餐桌上的流行美食，也成了外地游客心目中、舌尖上青海美食的独特记忆。

海东市风味（青稞酿皮、腊八麦仁粥）

青稞酿皮

青稞酿皮是海东地方风味较浓的传统小吃。当地的街头小巷内出售酿皮的摊贩到处可见。

高原高寒带地区适合于青稞生长，因此青稞在中国西藏、青海、四川、云南等地广泛种植，是藏族人民的主要粮食。

酿皮是在麦面中掺入一定数量的蓬灰和敷料，用温水调成硬面团，再经揉搓，等面团精细光滑后，把揉好的面放在水里一遍一遍地清洗，清洗到只

剩下面筋为止，这样清洗出来的酿皮，有一股独特的香味。当面团蜕至蜂窝状物时，放进蒸笼蒸熟，这叫"面筋"，再将沉淀了的淀粉糊舀在蒸盘中蒸熟，这叫"蒸酿皮"。蒸熟了酿皮，从盘中剥离，切成长条，配上面筋，浇上醋、辣油、芥末、韭菜、蒜泥等佐料，吃起来辛辣、凉爽，口感柔韧细腻，回味悠长。一碗滋味醇厚、富有河湟谷地特色的酿皮就诞生了。

清洗酿皮的过程，不仅是对食物的加工，也是河湟谷地的人们对食物的热爱、尊重、敬仰和感恩。清洗酿皮，那小心翼翼的过程，不亚于进行一次宗教仪式。

街头小吃青稞酿皮，如今也成了酒家里精美的特色菜，如知名度较高的中发源餐厅就已把青稞酿皮当成招牌菜推介。

除有"蒸酿皮"外，还有"馏酿皮"。馏的酿皮，金色发亮，薄细柔脆；而蒸的酿皮，色褐沉着，浑厚肥大，两者色形各异，但味道基本一致。酿皮虽是小吃，但可做主食充饥解饿，也可当菜肴，充当下酒冷盘，冷热均宜，四季可食。

腊八麦仁粥

　　"小孩小孩你别馋，过了腊八就是年。"农历腊月初八是中国传统的"腊八节"，民俗专家表示，腊八节源自上古时代祭祀神灵、祈求丰收的习俗，由于其主旨与春节相通，时间又与春节临近，故而有"过了腊八就是年"的说法。

　　青海海东人的"腊八粥"要数麦仁粥当头了。农历十二月八日，青海的很多农村要举行祭奠和庆祝，农民要吃麦仁粥，有的地方也叫麦仁饭。青海传说认为，农历十二月八日是释迦牟尼的成道之日，成道前有牧羊女

献乳糜，用香谷及果实造粥供佛，那粥就是麦仁粥，也就是后来青海的"腊八粥"。后人根据这种做法，在青海人的饮食里创造了这味特色美食，并在餐馆里流行。

麦仁是当年新麦碾去皮，或者凿冰为臼，在冰臼里反复凿去外皮，簸得麦仁。头天夜里用麦仁与牛（羊、猪）肉同煮，加青盐、姜皮、花椒、草果、茴香等大料，文火煮熬一夜，肉、麦、香料煮成乳胶状。香料中的姜皮、花椒性燥、驱寒，在青海，因为海拔高，日夜温差大，清晨和晚上特别冷，需要驱寒之物。青海的饮食里大多加花椒，就是此缘故。

煮好的麦仁粥，看上去是一碗面糊汤，麦粒像煮熟的薏米，洁白净亮，圆圆地胀大着。麦仁粥汤上放了一些香菜段，绿绿的香菜段飘在汤水上，汤水甚稀，就像沉淀了的淀粉水。粥里的姜片，非常鲜活橙黄。拿起勺子，先饮一勺粥汤，喝后咸咸的，有姜香味，溢着麦仁香。新麦味让人食欲重振，咸咸的感觉给味觉带来了刺激，让人想要好好品味。粥水滑腻，口感非常好。舀起碗底的麦仁，牙齿咬下去，外表比较嫩，里面挺韧，有着特别的质感和韧力，咬断后听到轻轻的脆响。咬开麦子时，舌头能感受到麦仁的甜味和天然之香，也能感受到高原自然的美味。

第二章 四川风味

    四川风味主要以麻、辣为主,讲究色香味俱全,是四川、重庆等地长期生活实践中创造出来的独具特色的风味。

阿坝州风味（九寨酸菜、咂酒）

九寨酸菜

四川省阿坝州是一个极具羌味和藏味的地方，民族气息浓郁，饮食文化独特。九寨酸菜是阿坝州九寨沟县的特产。酸菜是九寨沟家喻户晓的，家家户户都爱吃，成了九寨沟人们饮食的标志。

春暖花开的时候，人们就开始做酸菜，夏、秋季节是最多的，在冬天会少些。酸菜的做法很是简单，原料主要是蔬菜（大白菜、大头菜、十个菜、拉拉菜等），将蔬菜剁成碎块放入大锅里，倒些水将蔬菜淹没，再按蔬菜的比例放些玉米面粉一同煮，将蔬菜煮到三分熟后取出冷却，然后装入坛子或者木头里，再加些冷水，密封好放在阴凉处，大约一星期左右就成了劲脆可口的酸菜了。在九寨沟，尤其是藏族同胞，人人都会做酸菜，而且做得很好。如果到藏家做客，主人家一般都会制作酸菜汤，因为它既方便又省时。红白喜事丰盛的席上，最后上桌的便是酸菜汤。

以酸菜作为主要原料的还有当地著名美食酸菜面块。准备好了酸菜，接下来就是制作面块，将面粉过筛后，用冷水或温水调和，在面盘内用双手反复揉搓。再用擀面棒擀成薄片，撒上朴面裹成数层，用刀切成约二寸长、五分宽的长条块；制作面汤时首先加酸菜，其次加入本地阴干的腊肉或新鲜牦牛肉，再加土豆、面块和盐、葱等煮熟，香喷喷的酸菜面块便做出来了。

咂酒

咂（zā）的本意是用嘴唇吸，这是喝咂酒的方式，因为咂酒是一种很特别的酒。阿坝州的羌族咂酒大多选用本地出产的青稞、小麦、大麦和玉米。酿酒的原料要选用上等粮食，酿酒的日子由家中的老人确定。

女性负责原料的筛选、清洗工作，男性则由老人带领把客厅打扫干净，焚香祈祷，用柏香焚熏，意为驱走房中的秽气，使厅房弥漫着一股浓郁的柏香味。厅房扫净晾干后，把洗净的粮食装入大笼中蒸熟，再用簸箕搬到厅房，用竹耙拨平，用竹竿把它围住以防"走气"。

等酒料晾温后拌上酒曲，装入一人高的大肚子坛里，用麦草和泥封住坛口，置于一旁，然后老人继续焚香祈祷，祈求人神、祖神、坛神，保佑酿酒成功，许愿开坛时请众神享用。

咂酒不能直接喝，而要边喝边掺开水，加水的目的就是通过开水的温度使谷物颗粒内的酒精成分充分浸出。咂酒兑水后，羌族人会在酒坛上插上几根竹管，紧接着，大家便可以轮流吸饮了。一坛咂酒见底后，羌族人并不着急打开下一坛，而是继续往里面添水，直到酒坛中的酒毫无味道，他们才会停止吸饮，然后将酒坛打开，吃里面的酒渣。

咂酒是从酒坛内酒糟的上部逐渐往底部喝的，所以咂酒味美香醇、富含营养，比白酒温和，微酸，有解渴止饥、除乏驱寒和去暑消食的功能。

羌族人每次饮咂酒都要敬神，他们认为咂酒是一种连接人与神的中介物。羌族以酒敬神，认为神人共饮，酒里会含有神的力量，人喝完以后就会感到心神俱佳。

第三章 甘肃风味

　　提到甘肃，跃入脑海的除了壮阔雄伟的奇异风光，还有令人馋涎欲滴的美食。与其说甘肃"好看"，倒不如说甘肃更"好吃"。

甘南州风味（洋芋搅团、蕨麻哲则）

洋芋搅团

简简单单的洋芋搅团，以前是农民们改善的食物，现在推而广之，成为当地有名的小吃。这里盛产洋芋，家家户户都喜欢吃洋芋。洋芋就是马铃薯，当然，他还有个更加通俗的名字——土豆。

洋芋搅团是精选本地精品洋芋，煮熟后剥皮放入专用的酱窝（一种专门为打洋芋搅团准备的木槽）里用木槌砸，砸成洋芋泥。要做好洋芋搅团需要砸很长时间。打好的搅团柔韧劲道，不粘酱窝。一提木槌会整个提起来，酱

窝内不剩一丝残渣，用铲子铲入盆中即可。这时候的洋芋已经变成了搅团。搅团表面光滑，弹性十足。吃的时候可以自己配菜或沾辣椒醋汁吃，本地最正宗的吃法是配上自己腌的浆水，放上辣椒油，再来点韭菜咸菜。洋芋搅团分为麻辣的和浆水的两种，各有各的味道，此外，无论何种口味，都会加上些炒得喷香的蒜苗、韭菜或者青椒。一碗洋芋搅团吃起来绵软柔滑，香气绕口，本地人都以洋芋搅团为早餐。

洋芋搅团虽好吃，但制作却是个力气活，做好一窝洋芋搅团一般需要几个小时。临洮小吃城还在的时候，走进小吃城会听到砰砰的声音，走近一看，是一个人拿着个大木槌使劲地砸酱窝里的搅团，实在是一景。

洋芋搅团虽然是土豆做的，但完全是另一个层次的味道。大多不喜欢吃土豆的人都会对土豆做成的洋芋搅团垂涎三尺，食指大动。

蕨麻哲则

行走在甘肃大地，能体会到祖国山河的壮丽多姿，甘南藏族自治州无疑是其中一个极具吸引力的地方。这里是安多地区藏族政治、经济、宗教、文化的中心，这里有天下黄河九曲十八弯的玛曲县，著名的河曲马就出产于这片肥沃的黄河谷地草场。这里风景宜人，美食更是风味十足。

蕨麻哲则至今已有1000多年的历史。藏语叫"哲赛"，其色美味香，营养丰富，是藏族献给最尊贵客人的食品。它是用蕨麻、大米、酥油、白糖合烹的一种极富营养的藏族传统美食，汉语称"蕨麻米饭"。

据说我国古典名著《西游记》中孙悟空和猪八戒偷吃的"人参果"就是蕨麻。这种带有神话色彩的山珍，是碌曲草原最著名的土特产。

蕨麻哲则讲究烹制方法，一般将大米煮至七八成熟，捞去后用冷水去面汁，伴以酥油，再放入笼内蒸熟，另将蕨麻煮熟，酥油溶化，食用时则在一个龙碗内将大米和蕨麻各盛一半，加上白糖，浇上酥油而食，味道隽永，越吃越香，百食不厌，不失为草原一珍。

临夏州风味（东乡平伙、发子面肠）

东乡平伙

在甘肃省临夏回族自治州的东乡族自治县，当地的吃平伙是一种很有民族特色的聚会饮食文化。

吃平伙，首先要找好吃平伙的肥站羊，选择一户家境宽裕、主妇厨艺好的人家。把宰好的羊收拾干净，下锅煮，再把羊的心、肝、肺洗净剁碎，拌上切好的葱花、香油、味精，撒上少许面粉，搅匀，按吃平伙的人数分成若干份装在小碗里备用。等大锅内煮羊肉的水开锅后，在大锅上架起蒸笼，把装好的小碗整齐摆放在笼屉中，盖上蒸笼盖子蒸熟，东乡人称它为"发子"。热气腾腾、香味扑鼻的发子浇上沸腾的肉汤，撒上碧绿的青蒜苗，就着黄嫩喷香的油香，悠闲地刮着细瓷盖碗茶，从而拉开了吃平伙的序幕。或是把新鲜的羊肝爆炒后端上来品尝，鲜嫩醇香，人们常说："先来的克巴布（东乡语

指羊肝）比后来的肉香。"

把煮熟的羊捞出后放在木制或竹编容器里稍稍控水。在还漂着油花的肉汤里丢上指甲面片，舀在碗里撒上香菜，放入香醋和油泼辣子，原汁原味，十分可口，想吃多少盛多少，这是吃平伙的第二步。把还冒着热气的羊肉分卸成七大块，再把每一大块按人数剁成若干小份，人均一份，每份平伙里都有前件、后件、肋巴、胸岔、背子、脖子、尾巴七个部分，吃平伙的人多，肉块就剁得小，吃平伙的人少，肉块就会剁得大一些，平伙肉按份子剁成后，盛在碟子或食品袋里端上来，你可以当场吃，也可以拿回家去和家人一起团圆享用。

吃平伙的人一面刮碗子，一面说买卖、谈庄稼、讲新闻，话题可多了，天上地下，古今中外，无所不谈。吃平伙，是东乡人平等互助、团结和睦集体精神的典型写照。平伙平伙，平起平坐。首先是平伙肉分为"股子"，无论贫富贵贱，一律平等，一人一份，分量相同；其次是平伙钱分摊后，可交现钱，也可放"八月账"，即到了粮食大丰收时用粮食顶平伙肉钱。东乡人豪爽豁达的性格在吃平伙的风俗习惯中体现得淋漓尽致。据传，吃平伙是东乡族的先民们在古代狩猎时分配猎物的一种方式，从那时便流传下来，久而久之成了一种饮食习俗、一种饮食文化。

发子面肠

　　在临夏有一种极具特色的风味美食叫发子面肠，名字比较古怪，但实际上这个名字的起源和黄河有关，黄河渡河的时候都要借助筏子，筏子面肠因形似当地水上运输工具羊皮筏子而得名，也叫作筏子面肠。

　　发子面肠是一种以肥肠为主要原料的美食。制作时先将羊肠用流水洗净，将肺、肝剁碎，盐、葱、花椒粉搅拌后塞进肥肠内，叫作发子。把精白面粉用水拌成糊状，加上调料，灌进细肠内，叫面肠。令人称奇的是做好的发子呈暗红色，面肠却呈乳白色，二者组合在一起，红色和白色相互映衬，甚是和谐，使人食欲大大增加。做好后即放在笼内，文火蒸煮，蒸熟后，切成一寸长的小段，有的还放上几片羊头肉、肚子蹄筋，调上辣子油、陈醋、蒜泥，十分鲜美好吃，味道浓郁，而且绝无膻味，肉烂，面肠劲道。

　　发子的口感十分复杂，由于肉与各种内脏具有不同的质地，吃起来各种颗粒在口中跳跃，宛如一首羊杂的交响曲。而面肠拥有酥脆的表皮与绵软的内里，嚼劲十足、口齿生香。一碗发子面肠油气十足，味重而不腻，无论是作为主食或打牙祭的小食都是上好的选择。

兰州市风味（兰州牛肉面、甜醅子）

兰州牛肉面

兰州古称"金城"，是"丝绸之路"上的著名城市，享有"拉面之乡"的美誉。兰州菜是甘肃菜系的主要代表。兰州最有名的小吃莫过于拉面，这也是全国闻名的面食，说起兰州就马上想到"兰州拉面"，这毫无疑问是人们的"本能反应"。一碗看似简单的兰州拉面，却抚慰了亿万人无数个忙碌的夜晚。很多人不知道，其实兰州拉面和兰州牛肉面是不一样的，大家常吃

的兰州拉面的起源并不是兰州，而是青海隆化县，兰州本地只有兰州牛肉面。

"兰州的'兰州拉面'会比其他城市的兰州拉面更好吃吗？"若非专业的美食家大概无法准确答出这个问题，但当你真正身处这碗拉面的起源地，"一清二白三红四绿五黄"的讲究与"汤镜者清，肉烂者香，面细者精"的成色和风味，或许会在本地人的生活氛围中，变得更加清晰可见。

相传，兰州牛肉面起源于清末光绪年间，是一位名叫马保子的回族厨师所创制的面食，其最大秘密在于汤，这汤的配方代代相传，秘而不宣。

在兰州任何一家牛肉面馆都能吃到正宗的牛肉拉面。兰州牛肉拉面的一清（汤清）、二白（萝卜白）、三红（辣椒油红）、四绿（香菜、蒜苗绿）、五黄（面条黄亮）是最大特色。点餐时人们可以根据自己喜欢的口感挑选面条：喜爱圆面的可以选择粗、二细、三细、细和毛细5种款式；喜食扁面的可以选择大宽、宽和韭叶3种款式；而若想试试棱角分明的感觉，还可以请拉面师傅为你拉一碗"荞麦楞"。

"老派"的兰州牛肉面店一般仅从清晨营业到下午，并且为"半自助"式的服务，拉面中的牛肉需要另加，点餐后先付款领票，再自己端小菜并排队领面。

饥肠辘辘时，一碗兰州牛肉面，能抚慰饥饿的肠胃，也能抚慰你的心灵。

甜醅子

"甜醅甜，老人娃娃口水咽，一碗两碗能开胃，三碗四碗顶顿饭。"甜醅子是兰州的传统小吃，又名酒醅子。

甜醅子是甜食小吃，用莜麦蒸熟后加酒曲酿制而成，食用时兑入凉开水、糖，口感酸甜，具有解暑功效，既可作为夏日饮品，又是一种美味小吃，是兰州人的至爱。甜醅子的主要原料是莜麦和青稞类，和糯米做的甜酒有一定的区别，比甜酒耐嚼，酒味芳香浓郁，无论是在冬天还是在夏天，吃甜醅子都是一种享受。甜醅子在甘肃跟粽子享有同等地位，用通俗一点的话来说，就是大西北版本的米酒。甜醅子具有醇香、清凉、甘甜的特点，吃的

时候散发出阵阵的酒香。夏天吃它能清心提神，去除倦意；冬天食用则能壮身暖胃，增加食欲，一年四季皆能吃。

甜醅子在大街小巷都可以看到，清明一过，便是兰州人普遍制作甜醅子的时节。尤其是在端午节前后，在农村，家家都有制作甜醅子的习俗。其品种有二，一是莜麦所制，二是青稞所制。青稞是青藏高原独有的原料。两种做法大致相同，制作时把莜麦装入口袋或放在编织簸箕内再三搓拌，去其浮皮；青稞则要舂净精皮，然后放进锅内煮八成熟捞出放案上晾，按比例加入曲子拌匀，放入瓷盆内，置热炕头或灶上捂严发酵，待两三天闻到清香酒味时便成。

白银市风味（靖远羊羔肉、酸烂肉）

靖远羊羔肉

　　靖远县位于黄河上游、甘肃省中东部、白银市腹地，属黄河冲击盆地，地理位置造就了其独特的气候环境。这里属半干旱荒漠化草原过渡地带，自然环境独特，境内山大沟深，水草富足，气候凉爽，生长着柴胡、麻黄、益母草、蒲公英、黄芩、桔梗、薄荷、甘草等数十种草药。山中水流潺潺，矿物富集，羊羔日食药草，夜饮矿泉，造就了肉质细嫩、味道鲜美的靖远羊羔肉。因而，人们说这里的羊吃的是中草药，喝的是矿泉水。"没有一只羊能活着走出甘肃"，这是大家对甘肃羊肉的理解。而在众多人眼里，河西走廊一带的羊肉味道最鲜美。

　　历史上黄河沿岸盛产羊皮、羊毛，尤其以靖远的羔羊皮、毛最为珍贵，原来养殖羔羊是为了取皮，但是经过历史沉淀，羔羊肉也做成了远近闻名的美食。正是因为滩羊要取其羊皮，一只羊羔养殖四十天左右就会被屠宰，所以滩羊羊羔肉，肉质细嫩，无膻味，适合下锅制作。

　　这便是在靖远羊羔肉享誉陇上的原因了。

　　羊肉在古时都是达官贵人所食用的佳肴宴品，受这样的历史影响，即使在如今物质条件优越的情况下，羊羔肉也是靖远人招待贵宾的重要菜品。靖远羊羔肉除了其肉质特别，加工方式也多种多样，而在这众多方式中，用肋条制作的手抓羊肉以及后腿制作的黄焖羊肉，最受大众青睐。

　　手抓羊肉味道清淡。肋条冷水下锅，去除血沫，放入秘制调料，小火慢炖半小时即可出锅，吃的时候再蘸上盐巴，清淡鲜香。这样的制作极大限度

保留了羊肉天然的鲜美，而与这清淡恰恰相反的便是黄焖羊肉。

黄焖羊肉味道浓郁。胡麻油热锅，下入腿肉不停翻炒，加入适量调料，加水焖煮，金黄的汤汁慢慢渗进肉里，再加入粉条辣椒，极具味觉冲击。一柔一烈，也代表了靖远人的性格秉性，豪迈不羁的奔放中带有柔情似水的绵软。

无论婚丧嫁娶、欢度佳节，或是招待贵客，羊肉都是宴席中的压轴菜肴。这个伴着黄河水声、位于高原之上的故乡，给予靖远人的回忆，就是无论酷暑寒冬，一口鲜嫩羊羔肉都能带来的幸福。

酸烂肉

　　说起白银市的风味美食，那可真是品类众多、口味丰富，米面肉蔬、应有尽有。烹饪技术的不断改进，加上融合时代元素和健康理念，这让白银市的美食别具特色。

　　酸烂肉，就是酸菜炒肉，它的美味不仅是来自肉，还有一种配料就是酸菜。以往吃酸菜炒肉是要到了季节才可以的，如今则不同了，想吃就有，四季常备，但最好的时节还是冬季。在白银市，酸烂肉已经成为普通人家餐桌上的常菜。

　　大白菜，一种很普通的蔬菜，被天南海北的民众所接受，不同的地方有不同的做法。北方人喜欢将它作为一种冬天的储藏蔬菜，而腌制存储便是最好的选择。靖远人对酸菜的腌制特有讲究。将田里簇簇翠绿的大白菜摘到家里，挑选结实肥壮的白菜，去掉外表的两层叶子，淘洗干净，然后切成碎片入缸，加上适量的腌制盐，还要放入一些花椒、红辣椒等，这使得靖远的酸菜味道更加丰富多彩。腌制好的酸菜放在缸里待用，对于一道美味的酸烂肉来说，这才是第一步。下一步就是选肉，看其是否地道正宗，关键在于肉的选取和汤汁的添加。精选卤好的肘子，剔除骨头，留下带皮的"五花肉"，切成指宽薄片，这才是体现厨师刀工的地方，因为刚煮熟的肉柔软滑润，要切好是非常困难的。接着准备些青红佐料，这

样才可以使酸烂肉色香味俱全。腌制好的酸白菜脆嫩如初，和着洋芋粉条，一应材料备齐，与肉一起爆炒，肉片下锅爆炒起卷出油，再将酸菜放入炒至蔫状，方可添肉加汤，加入粉条、调味品等佐料。此时，再用微火煨炒片刻，便可出锅。这样做出来的酸烂肉，其肉肥而不腻，味道酸辣可口，是绝佳的美味！

由于酸烂肉味美、可口，便成了历代老年人的桌上佳肴。酸烂肉不仅好吃，闻起来也很香。一个村庄里，谁家做酸烂肉，还没有做好端上桌，酸烂肉发出的香气就弥漫到了整个村庄，闻到香气的都想分一杯羹。因为酸烂肉容易做，并且好吃，所以也成了白银市人招待客人的最好食品之一。逢年过节，特别是春节，家家户户都要准备一些猪肉，好让亲戚朋友来品尝酸烂肉。

第四章 宁夏风味

宁夏有个歌谣，唱的就是黄河水："宁夏川，两头子尖，东靠黄河西靠贺兰山，金川银川米粮川。"一万多平方公里的宁夏平原，经黄河水的灌溉，一千多年来已成西北著名的大粮仓。

中卫市风味（中卫鸽子鱼、蒿子面）

中卫鸽子鱼

　　九曲黄河从宁夏中卫市穿境而过，沿岸留下了无数的湖泊滩地。天惠斯域，中卫的河产十分丰富，最著者要数黄河鲤鱼、黄河红鲤、黄河鲶鱼，但最名贵者要算是黄河鸽子鱼。8、9月份是鸽子鱼出产的黄金季节，那时候来中卫，才能吃上这天下至纯的美味。

　　"天上鹅肉山里鸡，比不过黄河鸽子鱼。"这句中卫市的民间谚语，充分道出了中卫黄河名产鸽子鱼的名贵程度。鸽子鱼又名铜鱼，以宁夏中卫至石嘴山河湾为多，因它体形似鸽而得名。它是宁夏地区一种珍贵的鱼类，曾有

"天上的鹅肉地上的鸡，水里最香鸽子鱼"之说。

鸽子鱼形似鲤鱼，头和眼则比鲤鱼小，两侧各有一根较长的触须，体窄嘴尖，形态酷似落在树枝上的鸽子，故得名。体长9寸左右，腹部肥大，鱼背呈褐色或黄白色，腹泛白色，全身淡红、鲜亮，泛出银白色的光泽来。鸽子鱼栖息水域小，产地少，在中卫河湾里才有这种鱼。据说鸽子鱼很留恋家乡，无论被河水冲出多远，清醒后也要长途跋涉，返回故里。据史书记载，朝廷曾钦命宁夏等地官吏按时贡献鸽子鱼，遂身价倍增，当时一对鸽子鱼竟可换一件上等沙毛裘皮。

据志书《彩鱼》记载："山岩之上鸽子最多，涉入黄河即变鱼，味最美。"鸽子变鱼是一种神话传说，但鸽子鱼味最美，确是事实。鸽子鱼肉质细嫩少刺，清蒸后异香扑鼻，味道鲜美可口，并有祛寒保暖的效用。在封建社会里，皇宫王府举办盛筵，每当有人酒酣意醉，即食鸽子鱼醒酒，效果甚佳。在清代，鸽子鱼一直作为宫廷贡品，朝廷在中卫设置"官渔"，专门负责采办事宜，所以又叫"宫廷鱼"，因其数量少不易打捞，十分珍贵，只有皇亲国戚和达官贵人才能有幸一尝。

清蒸鸽子鱼是传统的名贵菜肴之一。其制作方法是：选取鸽子鱼去鳞、去内脏、洗净。做坡刀法在鱼两侧切成花瓣形，刀口中抹入精盐、花椒水之外，还将葱段夹入刀口之中，将鱼入盘上笼急火蒸20分钟取出，将葱段、姜片捡去上桌。其造型犹如盛开的牡丹，肉质洁白细嫩，鳞稀刺少，醇香扑鼻，营养丰富，味道鲜美，是人间至纯的美味。

蒿子面

俗话说："十里不同风，百里不同俗。"在宁夏中卫，从古至今就有吃喜面的习俗，逢年过节或是谁家有喜事，主人家都会准备一碗热气腾腾的喜面——中卫羊肉蒿子面，以此来招待宾客，寓意长长久久、幸福美满。在当地流行这样一段顺口溜："长脖子雁会扯线，一扯扯到中卫县，中卫县的丫头会擀面，擀的面纸纸子薄，下到锅里骨碌骨碌转，挑到碗里一根线，爹一碗，妈一碗，案板底下藏一碗。一拉案板碗打了，嫂子进来问咋了，爱吃嘴

去了碗打了。"

这不起眼的蒿子面，还是宫廷里传来的呢。据史料记载，明朝朱元璋的十六子朱㮵在宁夏做官时，他的亲邻有一部分也随之迁移到宁夏，后定居到中宁恩和镇一带，迁移来的亲邻主要是朱姓和万姓，其中有几位是宫廷中退役的御厨，他们将蒿籽面的制作技术传给当地人，从此蒿籽面在中宁一直流传至今。

做蒿子面有两样东西很重要，蒿草籽和灰草。人们每年秋后上山采集蒿草籽和灰草，蒿草籽用石窝磨成粉，再用筛子筛掉皮，灰草放在锅里烧成灰状。每年11月中旬正式开始制作，将蒿草籽粉和草灰和进面粉里，擀成长方形，最后需要将面切成整把成型的面条，然后平放晾晒，七八天后晾干的蒿子面就算成型了。制作好了面条，考究的羊肉臊子该上场了。铁锅上火，放入胡麻油和羊油、葱、蒜、花椒、姜，爆炒羊肉臊子，再放炸豆腐丁、炸土豆丁、葱花等，沏好了臊子汤，再另换锅，烧水下面，面煮沸后加入两三次凉水，面熟后捞入凉开水中过水，随即浇上羊肉臊子浇汤即可。

在这个偏爱重口味的时代，中卫人依然吃得健康滋补，保留着传统的手工工艺，将一碗蒿子面做到了极致。他们将精细渗入日常，用情义调和五味，把人间烟火过得自然优雅。

中卫蒿子面三百多年的历史带给人们的除了它本身的美味，还有时间沉淀的味道。这些味道将漫长的时光和故土、风俗和习惯、乡味和回忆混合在一起，才下舌尖，又进心间。

吴忠市风味（炒糊饽、白水鸡）

炒糊饽

吴忠市挨着黄河，黄河穿城而过。这里有着悠久的历史，是中华文明的发祥地之一，是河套文化的重要组成部分，是北方游牧民族与汉族文化的交汇点。

"糊饽子"是吴忠方言，说的就是西北的一道著名小吃——炒糊饽。"糊饽"是将面粉加碱和成较硬的面团，稍饧后揉匀，再擀成薄饼，放入饼锅中

烙至半熟，取出后切成长条，俗称"糊饽子"。

炒勺里放适量植物油，先将羊肉丝煸炒至肉色变白，再依次放进豆腐条、干辣椒片等料和几勺羊肉汤。烧开后，将切好的饼条抖散放进勺内，盖上盖子，焖至饼条熟透即成。

炒糊饽似乎还是一项称得上"聪明"的美食发明。那时候吴忠市韦州人自家烙饼，用的是"锅炕"，饼一不小心就烙过了，因此叫"糊饽"。这样的烙饼又煳又硬，不好吃，扔掉怕浪费，聪明的老辈韦州人便想到炒着吃的办法。炒糊饽其实与北方常吃的炒饼相类似，只是翻炒时加入了鲜香醇厚的羊肉汤焖制，这道炒糊饽便有了浓郁的回族特色。

相同的食材因为不同人群的烧制习惯，就能演变出千万种滋味；而这种细微的差别，不仅丰富着我们的味蕾，也能让离家的游子通过各自有关食物的独特记忆，让心心念念的故乡变得细腻而具体，这便是中华饮食文化的博大精深之处吧。

白水鸡

白水鸡是宁夏最为著名的风味小吃之一，全区各地均有制作。尤以吴忠一带制作历史最为悠久，选料考究，制作精细，颇享盛名，故名"吴忠白水鸡"。

吴忠白水鸡选料严格，通常都选用当地产的嫩母鸡，经陈年老汤慢火煮制而成。成品肉白色亮，口感鲜嫩清香。

制作时，将鸡宰后干拔毛挖净五脏，冲洗干净，用老汤（即经常煮白水鸡的汤）加清水和调料包，把母鸡放入锅内，先用旺火烧开，再用文火慢炖。待鸡肉煮熟（以能用筷子扎进鸡肉为宜），捞出晾凉，再取鸡油抹遍全身，使鸡皮发亮。

吃时将熟鸡带骨剁成方块，码在盘里，配上三花油（芝麻油、花椒油、少量酱油）一小碟上桌。看上去色泽黄亮，闻起来清香扑鼻，吃起来味道醇厚，鲜嫩爽口，此菜味道鲜美，质细肉嫩。

白水鸡制作简单，没有用很多调味材料，用极简的食材却能做出如此美味，不得不佩服当地的"老饕"们的智慧。

灵武市风味（羊肉搓面、灵武长枣）

羊肉搓面

灵武，古称灵州，物华天宝、人杰地灵，是宁夏回族自治区工业发展的核心区域，以历史悠久、资源富饶、风光秀丽、人民勤劳而赢得"塞上江南、鱼米之乡"的赞誉。

灵武于西汉惠帝四年置县至今已有2200多年，凝结了厚重的历史文化底蕴，唐代诗人韦蟾在《送卢潘尚书之灵武》一诗中赞颂："贺兰山下果园成，塞北江南旧有名。"

羊肉搓面是宁夏盛行的一种风味面食。这种面的特点就是，面条

不是擀出来的，不是切出来的，也不是削出来的，而是搓出来的。用羊肉汤做成的面和好擀成片，切成细条用手搓圆，如西安的拉条子粗细。这道小吃面精肉鲜，风味独特。

这碗面可谓是口感筋道，面精肉鲜，醇香滋补，让人欲罢不能。萝卜、土豆、番茄切丁备用，羊肉汤熬好备用。羊肉汤烧开后放入切好的萝卜、土

豆、番茄丁，煮五分钟等土豆绵软后即可下面。等汤汁再滚起来加入熟的羊肉片和豆腐丁再等五分钟，盛出后放入辣椒红油调味，撒上香菜葱花，一碗让人闻起来流口水、吃起来鲜香无比的羊肉搓面就完成了。

除了有搓面，在当地还有搓麻食、搓叶子。用大拇指和食指揪下一点和好的面团，然后在有花纹的板面上用大拇指用力一搓，揪下来的小面团立马像意大利贝壳面一样卷起来，再加上宁夏人爱吃的西红柿、红辣椒、辣子油、蒜苗等。

一碗搓面，一份乡愁，在人们的记忆中，最美的并非山珍海味，而是一碗家乡的味道。

灵武长枣

宁夏灵武市盛产长红枣，种植面积有十万亩之多。千百年来，灵武人与长红枣结下不解之缘，树养人，人养树，人树合一，息息相关。灵武长枣，不仅仅是灵武的特产，而且已成为灵武的一个地理标志保护产品。宁夏平原处于河套地带，这里河谷开阔，水流平稳，漏水沉积出一片平畴，造就出得天独厚的灌溉条件，引黄河水灌溉，水源充裕，灵武长枣具有得天独厚的条件，成为地方性特色品种。

这种长枣是宁夏灵武的特有品种，距离现在有1300多年历史，据记载

从唐朝的时候就开始种植了，当时只有皇宫里面的人才能够吃得起，普通老百姓是吃不上的，因此也被称为皇室贡品。

多少年来灵武的人们和长枣树相依为命，在饥荒年代，食不果腹的时候，就靠长枣来维持生计。灵武长枣果皮紫红色，果肉呈淡淡绿色，果核小，可食率高，肉质酥脆，香甜多汁，富含各种矿物质和维生素，尤其维C含量最高，是中华猕猴桃的10倍以上，被誉为"百果之王"。更有人说："一日食三枣，容颜永不老。"

灵武长枣的特点就是长，枣核也是长长的，口感稍微有一点点沙绵，脆度略逊于冬枣。冬枣口感像是甜脆水灵细腻、皮肤吹弹可破的江南妹子，而灵武长枣的口感透露着塞上江南的那种皮觉略硬、甜中带绵，但又不像西北狗头枣那样粗犷厚实。她像是黄土高坡上那种脸蛋透着高原红的倔强女人。

一方水土养一方人，一方水土也成就一方不一样的风味。只要在丰收的季节来到灵武，就能看到马路两旁红彤彤果子挂在树上，充满诗情画意，让人打心眼里喜欢这独特景色。

银川市风味（辣糊糊、羊杂碎）

辣糊糊

宁夏特有的辣糊糊，像火锅，却又不是火锅，从某种程度上来说，它是属于宁夏人的火锅。

辣糊糊的锅底和火锅中所用的火锅底料是一样的，只不过在宁夏，辣糊糊用的是宁夏本地的锅底。辣糊糊的锅底中加了面粉，只不过，面粉并不是单纯地在辣味调料上直接加，而是经过层层工序之后，才最终成了辣糊糊的锅底。所以如果说辣糊糊和火锅的区别，那可能就是底料的不同。辣糊糊和火锅、麻辣烫所涮的食材都是一样的。

据说，辣糊糊最早产生于80年代，当时是以路边摊的形式在每个学校的周边经营，所以很多学生都对辣糊糊有独特的感情。就像所有的路边摊一样，虽然你知道它不卫生，但你还是无法抗拒它的诱惑。后来，随着店家越做越大，很多店都有了属于自己的品牌和店面，卫生也做得越来越好，但是属于路边摊的激情好像也褪去了。不过这并不耽误我们对辣糊糊的喜爱，在店家的不断改进下，辣糊糊也变成了各种各样的形式，现在除了本身有汤底的辣糊糊之外，还有干拌的辣糊糊。这种创新的美食也经过了历史的沉淀，成为地方风味的重要组成部分。

羊杂碎

　　在银川，有些人的清晨是从一碗羊杂碎开始的。"老板，来碗羊杂碎！"痛快淋漓的招呼声划破清凉的晨雾，透着对美味的迫不及待。一天便是在这样一碗飘着辣香、肉香的味道中醒来。

　　来银川，一定要尝一尝这道美味。所谓羊杂，是由羊的头、蹄、血、肝、心、肠、肚等混合烩制而成，银川的羊杂分两种：一种带面肺的，一种纯肉的。羊杂碎做法是将羊下水煮好，切碎；在原汤中，配以姜为主的佐料

粉，汤呈白色，不可混浊，再把羊头骨入锅，切好后的羊杂碎肉装碗浇汤淤热即食。佐以葱、姜、蒜、香菜、羊油辣子，味道醇香浓郁

　　银川人把羊杂的制作发挥到了极致，有的人为了吃一碗羊杂驱车数百公里，可见其迷人的魅力。

　　羊杂在古代并不能称得上一种美食，羊肉是好肉，价格自然就贵，剩下的杂碎没人要，就有一些人试着将这些下水收拢起来煮着吃。在古代，没有香辛料，即使有价格也非常昂贵，而没有香辛料的下水味道可不好闻，膻味十足。所以在古代，下水是穷人们的食品，到了近代，香料价格便宜后，一些杂碎甚至比肉还要贵。

　　银川羊杂碎最具特色的是"面肺"，也是银川羊杂的标志。对于银川人来说，杂碎里面没有面肺，就不能称之为杂碎。羊肺煮熟后，不过像小朋友的拳头大小，经过加工，将洗去面筋的面汁沉淀后灌入羊肺之中，扎紧气管，煮熟之后，羊肺瞬间增大20倍之多，放凉后切成条状与羊杂同烩。如此美味起源于困难时期，这样处理后，一副少之又少的羊杂在数量上瞬间增加20倍之多，使多少困难家庭在得以果腹的同时又品尝美味。由此看出，多少美味的诞生并不是美食家或者厨神的研究成果，而是千百年来广大人民群众在与自然的抗争中而凝聚而成，是千万劳动者的汗滴和智慧凝结而成。

　　到了现代，在寒冷的秋冬之季，吃上一口羊杂，喝上一口灵魂羊汤，满足！

石嘴山市风味（八宝盖碗茶、沙湖大鱼头）

八宝盖碗茶

　　盖碗茶不是一种茶，而是泡茶的器具和茶的一种饮法。可以说，八宝盖碗茶是宁夏石嘴山市饮食的重要代表之一。对于许多初到宁夏的人来说，盖碗茶给他们留下的深刻影响，绝对不亚于那一座座漂亮、神秘、洋溢着浓郁异域风情的清真寺。

　　盖碗茶，是一种上有盖、下有托、中有碗的茶具，又称"三才碗"，盖为天、托为地、碗为人。将"天地人"的大概念融入日常生活是盖碗茶的神秘之处，因此品盖碗茶，也是品尝天地自然和人生，其韵味悠长而无穷。

　　盖碗茶所喝的茶和我们平常茶也有所不同，因配料的区别而有不同的名称。宁夏人喝茶十分重视配料，最常见的茶有"三香茶"和"八宝茶"等。"三香茶"通常含有茶叶、冰糖和桂圆三种原料，是一种普通茶。然而在招待贵宾时，则用茶叶加桂圆、荔枝、葡萄干、杏干、红糖、沙枣、枸杞、红枣、白冰糖等配制的"八宝茶"。如今，人们的生活水平提高了，大都喝的是"八宝茶"。

　　泡盖碗茶，须用滚烫的开水冲一下碗，然后放入茶料盛水加盖，沁茶的时间为两到三分钟。一些懂茶道的回族老人很会品茶，他们认为，如果茶香而不清则是一般的茶，香而不甜是苦茶，甜而不活也不能称之为上等茶，只有鲜、爽、活的茶才是最好的茶。

　　宁夏人把饮茶作为待客的佳品，每当开斋节、古尔邦节或举行婚礼等家里来客人时，主人会热情地先递上盖碗茶，端上些油香、馓子、花生等，让

客人下茶。敬茶也有许多良好的礼节，即当着客人的面，将碗盖揭开，在碗里放入茶料，然后盛水加盖，双手捧送。这样做，一方面是表示这盅茶不是别人喝过的余茶，另一方面是表示对客人的尊敬。如果家里来的客人较多，主人会根据客人的年龄辈分和身份，分出主次，把茶先捧给主客。喝盖碗茶也很讲究，不能拿掉上面的盖子，也不能用嘴吹漂在上面的茶叶，而是用盖子刮几下，一刮甜，二刮香，三刮茶卤变清汤。每刮一次后，把盖子盖得倾斜一些，用嘴吸着喝。不能端起茶盅接连吞饮，也不能对着杯盏喘气饮吮，要一口一口慢慢地饮，静静地感受茶水于舌边、舌根回荡，是一种生活方式，也是一种休闲享受。

盖碗茶还被赋予了更富感情的内涵：茶是爱情的信物，男女青年在定情时，男方要给女方送茶定礼，称为“拿茶”。盖碗茶已融入宁夏人的日常生活中，成为当地饮食文化中不可替代的一部分。

沙湖大鱼头

　　贺兰山脉与黄河交汇之处，因"山石突出如嘴"而得名的石嘴山，因生产无烟煤而闻名中外，被誉为"塞上煤城"。沙湖原本是一片湿地，由于不远处有贺兰山，每年夏季遇暴雨时，便有山洪下泄，经多年积蓄形成了这样一个天然湖泊。

　　鱼，是寻常百姓家里餐桌上的常见食材。在家里，由于场地和烹饪工具的限制，常用的烹调方法一般都是烧、焖、炖、蒸。

　　"沙湖水暖鸟先知，正是花鲢肥嫩时。"沙湖大鱼头产自沙湖之水。沙湖由于盛产鱼类，在沙湖的餐馆里，专门设有鱼宴，烹饪沙湖出产的活鱼。沙湖大鱼头用大粒盐炖制而成，二尺的圆盘卧着三五斤左右一劈两半的沙湖鱼，外带一盆鲜鱼汤。吃沙湖鱼要先吃鱼鳃后面的肉，这里的肉质最好最嫩，然后依次吃鱼唇、鱼身、脊背肉。沙湖鱼经浇汁端上桌。色泽明亮，无腥膻味，吃时佐以蒜泥加小磨香油，味道滑嫩、筋道。沙湖鱼头汤味嫩、鲜、肥、白、滑，食过回味悠长。

　　每有嘉宾，必以刚刚出水的二三十斤重的鲢鱼上席，鲜嫩可口，既饱口福，又饱眼福。游客如有兴趣，也可以亲自钓鱼、捕鱼。沙湖水产资源丰富，常见的有鲤鱼、草鱼和鲢鱼，甚至还有北方罕见的武昌鱼和娃娃鱼。

　　沙湖作为"国家级生态健康养殖示范区"，所出产的"沙湖大鱼头"，肉质细腻、鲜嫩，鲜而不腥，嫩而不散，肥而不腻，味道十分鲜美，被称为天然"脑黄金"，自然成为国宴佳品。

　　据说，沙湖大鱼头最早是由农垦前进农场的职工家属马玉英1990年在沙湖开的清真餐厅里开始做的。开始，餐厅烹饪沙湖野生鱼的方法，除了红烧

就是清炖。后来，顾客觉得沙湖的鱼太大了，仅一个鱼头就得四五斤，吃不了挺浪费的，能不能分着做呢？她让厨师按照游客的要求做，结果满满一大盆子，白白的，像鲜牛奶一样，别提多美味了……

从那以后，沙湖的大鱼可以一鱼五吃，鱼头、鱼身、鱼尾分开做，清蒸、红烧、水煮，多种烹饪方法齐上阵，仅一条鱼可做好几道菜，让一桌人吃个饱。由于她家的大鱼头味道独特，慕名前来的顾客络绎不绝。很快，"沙湖大鱼头"的美名广为传播，成了一道供不应求的名品。

第五章 内蒙古风味

　　黄河像母亲般眷顾滋养着内蒙古，出黄土高原一路向北，穿沙辟石，百折奔流，在阴山之南划出一个大大的"几"字。"几"字弯内，几千年来，在阴山与黄河之间，农耕文明与游牧文明在这里交融集聚，草原文化与黄河文化在两岸撞击凝聚，孕育了奔涌的大河精神与奔放的马背风格。胡服骑射、昭君出塞等历史积淀光彩夺目。内蒙古沿黄两岸地域文化各具特色，自然景观壮丽神奇，风味饮食更是争奇斗艳，各有千秋。

乌海市风味（油锅牛三宝、蒙古馅饼）

油锅牛三宝

乌海市素有"黄河明珠"的美誉，三山环抱，一水中流，民风淳厚，被誉为镶嵌在黄河金腰带上的一颗明珠。这里是沙漠与黄河相恋的地方，也是黄河流入内蒙古的第一站，名副其实的"黄河明珠"。乌海市不仅物丰天华、人情纯善，而且更有着大自然恩赐的辽阔大草原和数不尽的天然食材。

在内蒙古辽阔的大草原上，大多数人以养羊、养牛为主。所以内蒙古乌海人也爱食用牛肉、羊肉等。比如内蒙古的特色美食——清汤牛尾。牛肉吃完后，牛尾也不能浪费，何况牛尾口感爽嫩，有韧劲，已经卖得比牛

肉还要贵。此汤是新中国成立之前由特一级厨师吴明在绥远省省政府侍厨时所创，以内蒙古草原鲜牛尾为主要原料，配以鸡腿、鱼肚、海参、口蘑等煸制而成。口味鲜香，清澈见底，营养丰富。

在清炖牛尾的基础上，加上发制并切好的牛蹄筋片，发制改刀成菊花形的牛鞭，再加入发制好的香菇或口蘑等辅料，调上味，就是乌海市特色风味——油锅牛三宝。与清汤牛尾相比，油锅牛三宝的味道更加丰富，多以麻辣鲜香为主，在寒冷的冬季，一碗油锅牛三宝下肚，既能驱寒，还能增强免疫力，营养又美味，舒坦极了！

蒙古馅饼

在内蒙古，宴请宾客常常去吃蒙餐，这样才能体现请客者的诚心与用心，在点主食时，一定要吃蒙古馅饼。

当黄灿油亮的蒙古馅饼端上来时，它的香气和色泽一下子便打开了人们的味蕾，让人垂涎欲滴。

蒙古馅饼皮薄，薄得可以看见里面肉和菜的融合，仿佛繁花似锦，馅量均匀，恰到好处，尝一口真是鲜香软糯，外焦里嫩。很多人都说蒙古馅饼似乎不同于普通馅饼，蒙古馅饼都是用牛羊肉做馅，而普通馅饼大都用猪肉和三鲜做馅。整体感觉蒙古馅饼个大皮薄，馅量均匀，口感更好。也许真正的秘诀根本不在于外表，而是配料。

据了解，蒙古馅饼比普通馅饼难做在和面，确切地说不是和，而是将上好的面粉搅好，但不能提前搅好，要在把馅料拌好后即刻搅好，比和饺子面稀软。这时手法要快，将一团面用手在掌心

摊开，将馅放入中间，然后去掉多余的面团，拍一拍即可上锅烙饼，三分钟一张蒙古馅饼就做好了。

其次，蒙古族馅饼的馅，细。一般是牛羊猪肉为馅，选肉的时候猪肉要肥瘦相当，不能是纯瘦肉。用刀剁，要剁细一点，快剁好的时候把备好的葱姜也一并剁到肉里面，葱姜的味道能更好地融到肉里，这样做出来的馅饼超级美味。

汉族有句俗语："好吃不如饺子。"蒙古族有句老话："好吃不如馅饼。"刚出锅的蒙古馅饼外焦里嫩，饼面上油珠闪亮，透过饼皮可见里面肉似玛瑙，菜如翡翠，特别好看。用筷子破开饼皮，热气升腾，香味扑鼻，让人不禁食指大动。

巴彦淖尔市风味（猪肉勾鸡、巴盟猪肉烩酸菜）————————

猪肉勾鸡

　　猪肉勾鸡是巴彦淖尔市的一道名菜，这道菜是有地域限制的，只在河套地区比较流行。河套地区有水有草，这里的鸡酷爱奔跑，长得比较瘦，但是这里的猪长得特别肥。爱吃的当地人，就研究出猪肉跟鸡肉一块炖，炖出来还挺好吃。

　　河套人喜欢酒大肥肉，猪肉勾鸡既有鸡的鲜美，又有猪肉的肥厚，猪肉和鸡肉来源又方便，所以受到河套人的喜爱，成为节日待客必备。

　　猪肉勾鸡，其制作方法是把猪肉和鸡肉过油，锅中加入土豆和豆腐，切好葱蒜姜丝，加上花椒大料，文火炖熟，是道经济实惠、营养丰富、香味独

特的菜。北京的一位老艺术家途经白彦花，偶然在"一品香"小酌几杯水酒，品尝了店里的猪肉勾鸡，兴奋之余挥毫写下了"店小客不少，酒香不醉人"的墨宝赠予小店。一位海外客商来包头观光考察，特意来到白彦花镇上的"一品香"，一饱口福后说："天下大宴大同小异，只有地方小吃才常吃常鲜，特别是猪肉勾鸡，吃了还想吃。""一品香"老板杨三的猪肉勾鸡出名了，来"一品香"学做猪肉勾鸡的人也越来越多。渐渐的，"猪肉勾鸡"落户到区内外各大小餐馆，城乡居民对猪肉勾鸡更是情有独钟。

猪肉勾鸡的勾是什么意思呢？回答有很多。河套地区本是蒙汉交杂的地区，方言也很特殊。"勾"首先表示搭配，两者结合，猪肉与鸡搭配；还有就是牵引的意思，用猪肉的肥厚勾出鸡肉的鲜美，两者一相逢，便胜过美食无数。

巴盟猪肉烩酸菜

巴彦淖尔市，位于内蒙古西部。夏商西周至春秋，鬼方、猃狁等民族游牧于此。巴彦淖尔市历史悠久，灿烂的河套文化和多彩的草原文明承载着历史的厚重，是内蒙古自治区西部的一个新兴城市。"巴彦淖尔"系蒙古语，意为"富饶的湖泊"。因为巴彦淖尔临近黄河，便成了不缺水的城市。那里的人民朴实，女人貌美、男人高大，食物更是美味，人们吃得酣畅淋漓，从而心生豪迈，是个令人难忘的好地方。

"亲不过的姑舅常在，香不过的猪肉烩酸菜。"猪肉烩酸菜流传于河套地区已有上百年的历史，因河套地区土地肥沃，物产丰富，所饲养的家猪膘肥体壮、肉质上成。腌制酸菜所用的长白菜，受到黄河水的充足灌溉和八百里河

套川的大规模充分日照，经过腌制后，色泽鲜绿，富含水分，最适宜做猪肉烩酸菜。巴盟人于猪肉烩菜之喜爱，实是无法用言语表达。只要桌上有此菜，哪怕是参燕鲍翅满汉全席，也全不入眼。

　　每年冬天上冻的时候，每家每户就开始杀猪，然后放到凉房或者偏房内自然上冻，这样不会影响肉本身的味道。等酸菜、土豆准备好，主妇便忙着切肉。这种肉一般切得比较大，长约二寸、厚约半寸。白嫩的肉块往往让爱食肉者垂涎欲滴。将切好的肉放入锅内炒上十几分钟，然后将葱、蒜、花椒大料、酱油、盐等放入锅内，此时，肉色变红，腥味顿除，香味四溢。将肉炖上十几分钟后，把酸菜、土豆放入锅内。烩上半个小时，便可出锅食用。此时，独特的香味已冲出厨房，弥漫整个村庄，让人胃口大开。吃一块猪肉，肥而不腻，滑而爽口；吃一口酸菜，酸而不烈，黏而惬意。这时若喝上几口烧酒，简直是赛过活神仙。这种"杀猪菜"，常常使人唇齿留香，回味悠长，百吃不厌。

　　西部地区冬天干燥寒冷，巴盟烩菜的汤汁浓郁饱满，食材吸足了调料，又香又下饭，所以非常受西部人民的喜爱。据说走南闯北的人路过此地，吃过此菜，都是印象深刻。按照内蒙古当地的习惯，吃到还剩碗底烩酸菜的时候，要在碗里加入刚烧开的滚水，喝一碗酸香可口、飘着油花的酸菜汤，才心满意足！

　　巴盟猪肉烩酸菜俨然是巴盟人的一个地域符号。饶是离乡几年、几十年，无论身在何处，听到这几个字，便要口齿生津，想起关于家乡的记忆……

包头市风味（包头老茶汤、烧卖）

包头老茶汤

在包头本地人眼里，老包头人喜欢用"此地"来形容本地——此地人，此地饭菜。在此地人眼里，最特别的，就是那碗茶汤。

茶汤是包头市特有的一种市井美食。相传源于明代，据说是由北京、天津传入包头的，最早传入萨拉齐一带，至今有一百多年的历史。清嘉庆年间的《都门竹枝词》中有"清晨一碗甜浆粥，才吃茶汤又面茶"，说的就是小

吃"茶汤"。说是老茶汤，但原料中却没有茶叶，用当地包头人话说，"似茶非茶"。它的制作工艺与沏茶有异曲同工之妙，使其散发出了类似沏茶的香气，从而命名为茶汤。传统的茶汤做工比较简单，易于走街串巷售卖，所以仅需四到五种工序，虽然工序较少，但也需凭借娴熟精妙的手上功夫，做出来的茶汤香而不腻，柔滑甜美。泼制老茶汤最重要的就是选料。小米一定要用好小米，面更要手工磨，水当然要用当地上等的好水，紫铜壶烧出的水甘甜，泼制出的茶汤味道也好。

冲茶汤要的是技术，过程很是讲究。它要把原料放碗内，用热水调匀，然后用铜壶里的开水冲入碗内冲熟，撒上一层红糖，中间放一撮白糖。冲的茶汤质量要求是很高的，把碗反过来朝下，茶汤立即下坠，挂在碗边，用手拍动，松软抖动，但不会从碗内掉下。

水从茶壶流出的一瞬间，用作茶壶嘴的飞天小龙吞云吐雾般，仿佛真的飞了起来。茶汤还未端上餐桌，醇香的味儿已扑鼻而来。吃到嘴里，黏而不腻，还伴有米香，让品尝者回味无穷。加上后添加进去的红糖、白糖、葡萄干、瓜子仁、芝麻、果脯等，酸酸甜甜，口感更佳。

美食是一座城市的历史和生活方式的见证，"味甜香醇，色泽诱人"的茶汤，是许多"老包头"人抹不掉的记忆。如果来到包头品尝特色小吃，一定不要忘了喝一碗包头老茶汤，再亲眼看看这传神的技艺，吃在嘴里的是香甜，留在心里的，是对传统手艺的敬意。

烧卖

包头又被称为鹿城，源于蒙古语"包可图"，意为"有鹿的地方"，所以又叫鹿城，是内蒙古黄河"几"字弯上一座美丽的城市。在包头人的日常饮食当中，有一种流传很久而至今不衰的传统美食，叫"烧卖"。包头人的一天就是从一两烧卖和一壶砖茶开始的。

烧卖对于包头人而言就相当于焦圈、豆汁于老北京人的情感，可见烧卖在我们包头人心中的分量有多足。

俗话说，呼市的焙子，包头的烧卖，这两种美食在内蒙古是相当出名。尤其羊肉烧卖，在包头众多的本土名小吃中，可谓是一绝。其皮薄如蝉翼，晶莹透明，提起垂垂如细囊，置于盘中团团如小笼包，形美而味浓。其中馅肉以牛羊肉填充，皮薄馅多，咬一口还吱吱冒油。一些旧时的

烧卖馆普遍很简陋，但因为人气旺，老板与左邻右舍都很熟悉，故在热气氤氲人声嘈杂中，显得温暖，烟火气十足。有辣椒香味的醋可以达到开胃的效果，让烧卖更加入味。你会发现每张桌子上都有一个茶壶，里面就是被称为"烧卖伴侣"的砖茶，它具有解油腻、促消化的作用，与烧卖简直是完美搭配。关于烧卖的来历，有一种说法是，早年的烧卖都在茶馆出售，食客一边喝着浓酽酽的砖茶或各种小叶茶，吃着糕点，一边就着吃热腾腾的烧卖，故烧卖又称"捎卖"，意即"捎带着卖"。烧卖出锅，需要手出巧劲，才能将一整个烧卖从笼屉里夹出，否则皮破汤洒。咬在嘴里，你会感受到汤汁在嘴里的汩动，有新鲜羊肉的美味，又有葱姜的鲜美。早晨，一两烧卖蘸着山西老陈醋和油炸干辣椒，再配一口解腻的砖茶，别提多滋润了。

焙子

焙子是呼和浩特特有的面点，与新疆的馕相似，烘烤制成，比烧饼大而厚。按照历史渊源来讲，他们属同宗，是由张骞出使西域后带回来的胡饼演化而来。

在呼和浩特，流传着这样一个说法，"三年两城一焙子"。为什么这样说？因为在呼和浩特的历史上，一共有两座城池——归化城和绥远城。归化城修建于明朝，属于旧城，绥远城修于清朝，属于新城。两座城虽然修建的时间相差甚远，但都是花了三年建造而成的。而焙子这种食物，在建造城池的过程中起到了相当重要的作用。为了解决修城工匠们的吃饭问题，人们就地取材，用两块平整的石头夹住面团，放在火上烤焙。没想到这样做出来的面饼，居然非常松软香甜，同时又非常扛饿，适合每天辛苦劳作的工人们。因为这种面饼是用火烤焙而成的，所以大家就称它为"焙子"。毫不夸张地说，呼和浩特是一座咬着焙子建成的城市。

之所以说焙子是美食，因为它是呼和浩特一种特有的小吃，是回族面点名品。它的造型可以说千姿百态，有长的，有方的，有圆的，有三角形的，有白焙子、黑焙子、牛舌头、糖三角、油旋儿、豆沙等品种。焙子的吃法也多种多样，从中间切开就可以夹进茶叶蛋、烧卖、炸串、咸菜、杂碎等任何你可以想到的食物。最经典的吃法是夹上豆皮，淋上红汤的辣焙子，每一口都是呼市人的童年记忆。

刚出锅的焙子喷香满街头，飘香十里处。如果在寒冷的冬天，饥肠辘辘的你捧上一个热乎乎的焙子，你就不会介意在大街上就地解决，那个热乎劲和特有的面香会让路人也驻足。

　　吃焙子可以夹上各种佐料，再就上一口茶水或豆浆当饮品，美滋滋。在过去，讲究的吃法是夹上几个烧卖，在本地土话中有个特别有趣的名称——"蛤蟆含蛋"，那是美上加美的美食，是困难年代的奢侈品，如今每每想起依然让人垂涎欲滴。

　　如今的焙子更是富有创意，有了同样让人欲罢不能的诱惑。如辣焙子，焙子夹肉肠、夹鸡蛋、夹辣条等，像肉夹馍，也像汉堡。因为它方便实惠，成了孩子们最欢迎的早餐。

鄂尔多斯市风味（马奶酒、酸饭、艾日格）

马奶酒

蒙古族向来被喻为"马背上的民族"，而马奶酒是生活在草原上的蒙古人日常生活中最喜欢的传统饮料。

蒙古族酿制马奶酒的方法很特别。首先将刚挤的新鲜马奶液倒入木桶，用木棍上下翻搅，发酵变酸脱脂，把优酪乳液倒进铁锅内，点火升温，煮沸奶液。大量的水蒸气通过冷却系统散出时，凝结了很多无色透明的液体，这就是马奶酒。初次提取的马奶酒，酒力不大，一般在10度左右。经过如此反

复提取，其烈度最高可达30度。若将刚提取的奶酒冒进瓦罐，再在酒中放几片新鲜的芦苇叶，罐口加盖用黄泥密封，趁热把瓦罐深埋在湿土里。几年后，再启罐开封，那便是人间的酒中珍品了。

马奶酒味道酸辣，有舒筋活血、健胃等功效，曾为元朝时期宫廷和贵族的主要饮料。《马可·波罗游记》中写道，忽必烈在宫廷宴会上，把马奶酒盛在金碗里，款待有功的文武大臣。蒙古族饮马奶酒有久远的历史，牧民们祖祖辈辈生活在草原，天天都离不开马奶酒。每逢盛夏，辽阔的草原上，到处都飘溢着马奶酒特有的清香。

关于奶酒的来历，有段有趣的传说。相传早在元朝初期，成吉思汗的妻子在烧酸奶时，锅盖上的水珠流到了旁边的碗里，她嗅到特殊的奶香味，一尝味美香甜，还有一种飘飘欲仙的感觉。之后她在实践中摸索和掌握了酿制奶酒的工艺，还制作了酿酒的工具。在成吉思汗做大汗的庆典仪式上，她把自己酿造的奶酒献给丈夫和将士们。从此，成吉思汗把它封为御膳酒。蒙古族朋友敬献哈达和奶酒，是对贵客的最高礼仪。在长期的生活中，蒙古族形成了丰富的酒文化。酒是蒙古族人尊重长辈、客人，悼念前辈和祭祀神灵的信物，用酒表达他们的感情，用酒祈求他们的愿望，因而形成敬酒的歌曲、祝词等。在蒙古族的传统乐器托布秀尔和蒙古族的传统舞蹈沙吾尔登中，都有反映奶酒的酿制、饮酒、敬酒的内容。

酸饭

　　如果有机会到鄂尔多斯黄河沿岸和准格尔旗山区做客，会看到家家户户的锅台上放着一两个酸罐，里面就是当地的特色美食——用糜米制作的酸饭。

　　做酸饭，俗称搭酸捞饭，酸饭就是把糜米捞饭用酸浆熬熟了吃，叫酸粥。如果把酸粥和米汤分开，粥就叫酸捞饭，米汤就叫酸米汤。酸米汤呈黄白色，像发酵的牛奶，味道特别酸，口感黏稠而回味悠长。

　　相传在明代洪武年间，明政府在现今的老牛湾村对面修建了老牛湾堡，作为军事上的防御。士兵们在用当地的糜米做米饭时，常常正在做的时候就遇到敌人袭击，等士兵们打完仗回来，糜米饭就已经发酵成了酸饭，这就是酸捞饭的来历。

　　只要在鄂尔多斯住上几天，就会发现酸饭还有好几种。早晨吃酸粥，中

午吃酸捞饭或酸焖饭，晚上吃酸稀饭或酸拌汤。吃酸粥时，把辣椒面撒到上面，就着酸菜吃。人们赞美地说："辣椒抹粥，吃上挺兜（好的意思）。"人们做酸焖饭时，总喜欢往里面放一些切成块的山药或土豆，这样吃起来，味道鲜美适口。

过去，人们视酸饭为富裕生活的象征，因此常常说："早上酸粥中午糕，晚上焖饭上油炒。"当地人爱吃酸饭跟生活环境有关系，那里盛产糜米，糜米沤酸后味道特别醇香，所以人人爱吃。农民吃上酸饭顶着烈日劳动，不渴、也不上火。人们劳动了一天，身体觉得疲累的时候，一进家门痛饮几勺酸米汤，浑身都感到清凉爽快。

直到现在，黄河边上清水河境内的窑沟、单台子一带的人们便用酸米罐子浆上一罐酸浆，到了夏季，就天天能享受酸饭，当天气炎热之时，吃上一顿酸米汤泡捞饭，那可是莫大的享受。到了冬季，人们常常把酸罐子放在有土炕的锅台附近，隔个三四天，酸浆也能发酸，人们就美美地吃上一顿酸饭。

艾日格

鄂尔多斯，蒙古语意为"众多的宫殿"。蒙古草原上牛羊成群，蒙古游牧民族随季节迁徙，放养牛羊。牛羊是当地人重要的食物来源。蒙古族的一日三餐就是肉和奶，肉被称为"红食"，奶被称为"白食"。"艾日格"俗称卧奶子，就是一种"白食"，也是蒙古族饮食里历史最悠久的食品，在漫长的历史进程中与蒙古族的生活习俗紧密联系在一起，形成了蒙古族独特的饮食文化。它由鲜奶直接发酵而成，样子很像豆腐脑，味道特殊，香美可口，夏日食之消暑解热。

艾日格主要以牛、羊奶为原料。制作"艾日格"需要用酵母，如果自己家没有酵母的话，到别人家"请回"酵母。把酵母放入专用的木桶里，每天加鲜奶同时多次搅拌，使其发酵。

蒙古人用马奶子酿造酸马奶，再用其提炼艾日格，或用羊奶、牛奶酿制酸奶，用其提炼艾日格。

对于崇尚白色，视白色为吉祥、纯洁的蒙古人来说，奶食品是神圣的、珍贵的有生命之物，因此他们忌讳随意扔掉、滴洒或踩踏，如果有谁不慎撒了奶食，就会马上将撒在地上的奶食用手指蘸一下抹在额头上，随口说："折福了。"并且赶紧收拾地上的奶食。赠送或接受奶食礼品时，严禁衣冠不整。倒置盛放奶食品的容器，被视为丢掉财富、不吉利之兆。白食和红食不可混放一起，也不可与各种调味品或蔬菜放在一起。

关于艾日格的起源，还有一个故事。据民间传说，成吉思汗有一次在征战途中路经鄂尔多斯，上天赐给了他三碗"艾日格"。在他离开鄂尔多斯时，挂在胡子上的奶滴了下来，此地才有独享"艾日格"的福分。所以，只有鄂尔多斯才有这种特色的风味。

第六章 陕西风味

　　提到陕西，相信大家都不会陌生，陕西是一个全国有名的地方，也有许多各式各样的特色经典美食。独特的地理位置及当地的饮食文化造就了这样一个省份，陕西拥有多种多样的风味小吃，口味独特、营养丰富。

延安市风味（睁眼辣子、麻食）

睁眼辣子

延安作为中国革命圣地，是全国优秀的旅游城市，除了有大量的红色景点之外，还有很多富有陕北民族特色的文化美食。

有句俗语说："湖南人吃辣椒多革命，四川人吃辣椒出英雄，陕西人吃辣椒也拼命。"

延安睁眼辣子是陕西省的一种饮食调味品，主要在延安市一带，故得名。睁眼辣子是油泼辣子的最高典范，由小红辣椒，切碎带籽，加香油、醋等调匀而成。在延安以至于整个陕西，任何一家餐馆的餐桌上，都会有一碟睁眼辣子。

睁眼辣子外观看起来油汪汪，香喷喷，味道适合喜欢吃辣的人群。吃时各自挑到小盘中食用，辣味很重，绝不亚于四川的红油辣子。延安睁眼辣子开胃，下饭，去湿气，在延安桌上放在小罐里，又称"辣子罐"。

要做出好的睁眼辣子，辣子面是第一位的。选上好辣子，以身材细长的尖椒为佳，称为线儿辣子。这种辣椒，体形细长，膘肥肉厚，油气大，晒制成辣椒干，再选其深红透亮者。嗜辣的人从不买现成的辣椒面，怕质量次，一般都是买好辣椒干，让卖家用脚碾子现场碾成面，碾时不可过于细碎，这样吃起来没有香味，一味死辣。配料也要挑选，八角、花椒、桂皮、胡椒、茴香、肉蔻、丁香，少量能入味即可，碾碎掺入辣椒面，再加上盐和芝麻，混合均匀。

在陕西，睁眼辣子的地位非常高，有没有睁眼辣子，已成为检验陕西餐馆到底是否正宗的一个标志。

麻食

　　陕西宜川麻食历史久远，可追溯到元代。当时叫"秃秃麻失"，也叫"秃秃麻食"。地域不同，民间叫法也不同。陕北称为"圪饦"，关中人叫它"猫耳朵"，但在饭店等正统场合，都改口称为"麻食"。麻食是起源于陕西关中地区的面食，是形状如大拇指指甲盖大小的面疙瘩，中间略薄，边缘翘起，又名"猫耳朵"。

　　关中地区的家庭几乎都会做。有句话说："麻食热三遍，给肉都不换。"足以说明它的地位。

麻食的做法简单，把饧好的面团放在案板上擀开，擀成厚度约一厘米左右的饼状，用菜刀切成条状，再切成指头蛋大小的块状，撒上干面粉，以防粘连。然后，将这些指头蛋大小的面团放在草帽沿上，或者竹筛边上，凡是带有花纹的平坦器具，均可以使用，这样一个一个用大拇指将小面丁按压，旋转，轻轻由下往上一"趿"，成形的麻食印上了草帽的花纹，外形极像田螺。当然，要"趿"好麻食，这拇指按压力度的轻重十分重要，重则粘连在草帽沿上，轻则导致小团面薄厚不均。为防止粘连，边"趿"麻食，边给"趿"好的麻食上撒上一层干面粉。一会工夫，案板上的小麻食就成型了。

做烩麻食，其中配菜多达数种，必不可少的有土豆、胡萝卜、香菇丁、青菜、粉条、豆芽、木耳、黄花菜，还有西红柿炒蛋、豆角炒肉丁，或者其他各种炒制配菜，都可以"一锅烩"麻食。快熟时，有条件的加一些骨头肉汤，开始调盐、味精、鸡精、五香粉、酱油，还有陕西的陈醋……把这些调味品按照口味入锅后，再焖煮一会儿，味道融入空心面内，舀在碗里，味香扑鼻。一半麻食，一半蔬菜，喜欢辣的再放入油泼辣子，真是美味叫绝！

陕西麻食，一年四季都是人们最好的午晚饭，一碗烩麻食，几瓣大蒜，嚼着空心筋道的面食，一番倒腾下肚，肠胃舒服，满心欢喜，感觉整个身子都被香味盈满。

如今，陕西麻食已走进了人们家里的饭桌，伴随着各类时令蔬菜越来越多，更是给陕西麻食增添色彩。陕西麻食走南闯北，跟随陕西人迁徙行走的脚步，风靡全国。

榆林市风味（拼三鲜、炸豆奶）

拼三鲜

拼三鲜是陕西榆林美食里的一道大菜，色泽丰富、鲜肥醇郁、清香可口，汤内集三种肉和各种辅料的美味于一体，片粉软亮滑口，丸子香酥可口，肉滚烂鲜肥。据说乾隆皇帝私访榆林时，曾吃过此菜，赞不绝口。后来，这道菜被带入宫中，作为招待外国使臣的压轴菜。也有人说，清康熙皇帝征讨北疆叛匪，凯旋来到榆林后，有位名厨特献此菜得到赞赏，后命宫中御厨把此菜列入满汉全席菜系。因而，到榆林的人如果不吃拼三鲜，也可以说失去了一次品尝宫廷菜的机会。

拼三鲜中有荤有素，有汤有料，营养丰富，醇香味浓，色泽自然也是搭配有度。拼三鲜中的三鲜指的就是里面的猪、羊、鸡三种肉，但这三种肉，做法却很不同，用到了烧、煮、炸、蒸等烹饪

手段。烧猪肉、炸肉丸子、煮羊肉、煮鸡肉、炸酥肉、炸佛手，每一种肉都有不同的口感。除了肉类，素食材料也很丰富养眼，有炸洋芋、片粉、鸡蛋皮、菠菜、木耳、海带丝、黄花菜等。拼三鲜另一大特点就是调料多，工序烦琐。先把主料全部做好备用，待肉汤加水烧开后，按顺序放入，还要配以生姜、胡椒面、韭黄、葱花、酱油、味精等十几种调料配料。

在榆林，拼三鲜是一道灵魂美食，也是榆林人生活的记录者，出现在榆林的红白喜事及宴席上。从出生到轮回，拼三鲜迎接着一次次新生，也见证着一幕幕离别。关于拼三鲜这道美食的文化底蕴，贵在一个"拼"字，拼是组合、融合之意，组合多种烹调手法，将多种食材融合于一体，荤素搭配、营养均衡。近年来，拼三鲜中又加入了海参和鱿鱼，谓之"海三鲜"，也使得拼三鲜拼合的食材更加丰富，可谓"一食融百味，百味汇佳肴"。过去榆林作为边塞，多个民族杂居融合，拼三鲜也体现出榆林饮食文化很强的包容性、吸纳性。

因此，来到榆林，一定要吃一碗拼三鲜，才能"尝出"榆林的文化。

炸豆奶

榆林炸豆奶是陕西榆林的汉族风味小吃。榆林为古代塞上著名的城镇，城东有三教庵，内有一眼"普惠泉"，泉水清凉甘甜，富含矿物质。桃花泉水满地淌、豆腐白嫩味道香，用此水磨豆浆制作豆腐，味道殊美。炸豆奶以豆浆为主要原料，还有鸡蛋、绿豆、淀粉，经炸制而成。色泽金黄，豆香馥郁，外脆内嫩，入口即化，配以白糖香甜甘美，堪称"榆林人的小甜心"。

其做法非常讲究，取浓豆浆置碗中，打入鸡蛋，再将绿豆淀粉糊加入，搅打均匀，即成鸡蛋豆浆。炒锅置火上，加豆浆、白糖，用旺火烧开，缓缓加入制好的鸡蛋豆浆，边倒边用手勺在锅底轻轻搅动，见豆浆已成糊状时起锅，倒入方瓷盘内，使其冷却成冻状，即成豆奶。板上撒一层白干面粉，将冷凝的豆奶扣翻在面粉上，再撒上一层面粉，切成4厘米的宽条，放入面粉中裹匀。炒锅置火上，放入熟猪油，逐个下入豆奶条，炸至漂浮于油面，呈金黄色时捞出装盘，撒上白糖即成。

如果您去陕北体验风俗，不妨也去榆林品尝一下当地这道特色，这是一道营养丰富、老少皆宜、极受消费者欢迎的特色美食，也是榆林人待客必备的美食之一，现已号称"中华名小吃"。

渭南市风味（潼关肉夹馍、鸭片汤）

潼关肉夹馍

潼关肉夹馍是陕西省渭南市潼关县的特产。潼关肉夹馍原名烧饼夹馍，起源于初唐。传说当年李世民骑马打天下，路过潼关时，品尝过潼关肉夹馍后赞不绝口："妙！妙！吾竟不知世上有如此美食。"千百年来，老潼关肉夹馍让人百吃不厌。

肉夹馍，制作简单，实际是两种食物的绝妙组合：腊汁肉，白吉馍。肉

夹馍合腊汁肉、白吉馍为一体，互为烘托，将各自滋味发挥到极致。潼关肉夹馍与其他肉夹馍的区别主要在于烧饼的不同。这烧饼制作方法独特：用精制面粉加温水、碱面和猪油搅拌，和成面团，搓成条，卷成饼，在特别的烤炉内烤制，待花色均匀，饼泛黄色时取出。刚出炉的千层烧饼里边是一层层的，皮薄松脆，像油酥饼。咬一口，掉渣烫嘴，口感极佳。

潼关肉夹馍的吃法也是多样的。最传统的吃法是用刚出炉的热烧饼夹上煮好的冷肉，俗称"热馍夹凉肉"。独特的卤肉方法是将五花肉放在装有特制的配方和调料的卤锅内浸泡和炖煮，肉质细腻，芳香扑鼻，肉是肥而不腻、瘦而不柴，吃起来咸香适口，回味深长。

鸭片汤

鸭片汤又名烩里脊片，是潼关一道颇有历史渊源的特色小吃。

鸭片汤的得名也颇具历史性，光绪二十六年，八国联军侵华，慈禧太后携光绪皇帝仓皇离京，在返京时，途经潼关，当地衙门设宴款待。面对着极为丰盛的满汉全席，慈禧太后味如嚼蜡，但独独垂涎于厨师赵来炮烹调的"烩里脊片"，于是问侍从："这道菜是用鸭肉做的吗？"侍从答道："这菜名叫烩里脊，是用猪里脊肉烹制而成的。"慈禧听后大惊，对潼关的厨师能把

猪肉做成鸭味褒扬有加，不禁"龙"颜大喜，于是赐名这道汤为"鸭片汤"。后来，这道美食广为流传，堪称今日一绝。

"鸭片汤"的每一个配料都很讲究。将鲜里脊肉先竖切，再横切成小片，放入碗中用鸡蛋清调和，炒锅加热后，盛入清油，不等冒烟，将调和好的肉加少许淀粉稠浆打芡放入锅内，炒勺不断搅拌，待肉片徐徐泛大，稍变色即出锅，放置碗中，锅内倒上适量白汤，煮沸后，加盐、姜末、木耳、鸡蛋片、葱片，升起的薄雾中，新鲜的"鸭片"静静地卧在清亮的汤中，菱形状的鸡蛋皮、小勺状的木耳紧挨在一起，马耳形的葱丝零星散落，吃上一口，都会令人口齿生香。

时至今日，这道美食已在潼关传承了上百年，师传四代。2018年，潼关鸭片汤被列入陕西省第六批非物质文化遗产保护名录，正式成为名扬四海的美食名片。这道充满地域文化的美味也逐渐走出潼关，走向全国，甚至是世界，这也验证了那句老话："一方水土养一方人，一方山水有一方风情。"

第七章　山西风味

　　黄河以东，太行山以西，这里有一大片大河塑造的土地，古称之为河东，今天我们叫它山西。在上古时期，这里传出了无数个神话故事，塑造了丰富的华夏文明史。

忻州市风味（忻州瓦酥、莜面栲栳栳）

忻州瓦酥

山西，拥有五千年历史文化发展的辉煌灿烂，不仅有历史沉淀的名胜景点，拥有一道道带有浓厚乡音的地方美食。每一道美食都可以找到与之对应的历史典故、文化名人，让你舌尖接触美食的同时，品尝到历史的厚重！忻州瓦酥，不仅是忻州市的风味小吃，也是山西省名特产品的标志。

忻州瓦酥，又叫龙凤瓦酥，以其形似瓦片，酥脆可口而得名。据说清朝慈禧、光绪帝西行路过忻州时，州官许翰度命麻会镇王龙凤师傅制作糕点。王师傅制作的瓦酥绵软酥脆，清爽利口，偏偏王老师傅的名字又迎合了西后"龙飞凤舞"的心愿，慈禧边吃边说："龙凤（王龙凤）做瓦酥，龙凤（慈禧、光绪）吃瓦酥，我看就叫'龙凤瓦酥'吧。"自此瓦酥声名大振，人们争相制作。过去忻州南北大街的"文盛楼""德盛楼"、东大街的"桂香楼""义兴园"，它们制作的瓦酥均为上品。

瓦酥，约长10厘米、宽4厘米、厚0.5厘米，内外皆呈金黄色，上印"忻州瓦酥"字样，其质酥脆，味甜香郁，堪称炉食中之一绝。主要食材为蛋黄、砂糖和近一半的食油，倒入全面容器内，继续搅动，待油、糖、面完全混合均匀为止。余下的一半面粉倒在面案上，在面中间挖一坑，每次取容器内搅匀的蛋黄二三斤，放入面坑内，合成面团，软硬适宜，用面棍擀开后，切成瓦酥条状，放进专用模具内，磕制成形。半成品放入油锅后炸制，炸成金黄色即可出锅。出锅后趁热压制成瓦状，久放色味不变。这种既健康又美味的小吃，让人垂涎欲滴呀！

莜面栲栳栳

有句话说得好，"世界面食在中国，中国面食在山西"。山西面食文化历史悠久，至今大约有两千年了。有据可查的面食在山西就有280多种。

栲栳面是山西高寒地区的一种传统风味名吃，属于晋菜，其制法、名称来历，要追溯到1400年前的隋末唐初。民间相传，唐国公李渊被贬太原留守，携家眷途经灵空山古刹盘谷寺，老方丈特制了这种莜面食品以款待。李渊问："手端何物？"老方丈答："栲栳栳。"栲是植物的泛称，栲栳指用竹篾或柳条编成的盛物器具，唐寅有诗云："琵琶写语番成怨，栲栳量金买断

春。"看来当时方丈是以手端的小笼屉作答了。后来李渊当了皇帝，便派老方丈到五台山当住持。老方丈带领众僧赴任，路过静乐县，看莜麦初收，便把莜面栲栳栳制法传给当地。再后来这种民间面食传遍了晋、陕、冀、鲁等地，成为北方山区人民的家常美食。

民谣"雁北三件宝，莜麦、山药、大皮袄"，可见莜面在山西人心目中的地位之高。在雁北和吕梁山区，人们赋予吃莜面栲栳栳以"牢靠""和睦"等美好象征。每逢老人寿诞、小孩满月或逢节待客，多以此为主食。过去艰苦的自然条件锻炼了山区人们杂粮细做的本领，新女婿春节登门要吃上十种花样的莜面饭，莜面栲栳栳，就是这种莜面饭的一种，因形似"蜂窝"，所以当地老百姓也称其为"莜面窝窝"。

临汾市风味（曲沃羊汤、乡宁油糕）

曲沃羊汤

　　曲沃羊汤俗称羊头菜、羊杂汤、杂烂汤，在当地及周边县市久负盛名。相传兴自北魏，迄今已有1500多年历史，是山西颇具地方特色的一道美食。在大同一带叫作北路杂割，太原一带称为中路杂割，而最喷香可口的还是以曲沃为代表的南路杂割，以色香味美高居美食榜首，其代表曲沃羊汤更是登峰造极，有"千年美汤"之盛誉。

　　据县志记载：北魏拓跋氏食羊肉，弃置羊头、内脏及骨架，县人惋惜拣洗熬制成杂羹，味香美，上市出售，备受青睐，遂成县内风味名吃。由于曲沃当地特有的地下水富含有益矿物质，用其熬煮的羊汤美味异常，汤色浮白，香气扑鼻，美味营养。农忙一停，民事风行。本地有民谣"六月六，接姑娘，新麦烙饼、羊肉汤"，直观、形象地道明了吃伏羊、喝麦茬羊汤的最佳时节是在夏季。吃伏羊、喝麦茬羊，讲究热、辣、鲜，反映了深厚的民俗饮食文化及传统习俗。

　　相传，元世祖忽必烈从蒙古大漠出发，经晋地入中原，途径曲沃高显镇时，他的母后因病驻足休息。忽必烈请当地名医许国帧为其医治。许母韩氏善做菜肴、精于烹饪，她看到蒙古人把羊肉吃掉后，"下水"全部丢弃，觉得非常可惜，就收拾起来，认真淘洗加工，并把羊骨剁断放入锅中一起煮制，配上花椒、大葱、辣椒等佐料。忽必烈与其母尝后也觉好吃，连连称赞，随后将此汤命名为"羊杂割"。"羊杂割"便成了曲沃羊汤的始祖。明清以来，当地厨师在"羊杂割"基础上对其进行不断改良，在民国时逐渐形成

今天的曲沃羊汤。

　　杂割是一种经济实惠的风味小吃，按照中医"藏象"的解释，可以"以脏补脏"，对人体的五脏六腑均有滋补作用。在寒冬腊月，人们走上晋南的黄土地，几乎到处都可以闻到羊杂割的香味，喝一碗下肚，全身顿觉热乎乎。

乡宁油糕

临汾市历史悠久,是华夏的重要发祥地之一、黄河文明的摇篮,有"华夏第一都"之称。中华饮食文化历史源远流长,一个菜系的形成与它悠久的历史文化、独特的地理位置以及特有的气候条件密不可分。独到的烹饪技法承载着一道道特色美食,洋溢着人们对美好生活的祝福!

油炸糕就是这样一种食物,山西人取"糕"为"高"的谐音,把吃油糕当作一种吉利象征流传下来。在山西人的餐桌上,人们婚嫁迎娶、盖房上梁、小孩满月、金榜题名时都离不开炸糕,大年三十人们还要吃炸糕,寓意"步步高升"。

山西晋北、晋中地区气候寒冷,作物主要以各种粗杂粮为主,因此这里的油炸糕一般用黄米面制作。晋南地区盛产小麦,油炸糕一般以白面制作,尤以乡宁白面油糕最为著名。乡宁油糕用白面经过开水烫,包入馅料制作而成,以"皮脆肉软,味道甜美"而享有盛名。从古时起,油糕就被当地人当作美味佳肴,招待客人的上等饭食。

乡宁县每年农历四月初八还会举行一次庙会——"油糕会",是当地独树一帜的古庙会,也是当地人吃油糕的高潮日。《乡宁县志》称,四月初八日,西关外义庙,四乡百姓各奉"关帝神驾"朝山,分为东、西、北三舍款待乡客,邻村的商贾会集十天。逢会期间,不足一平方公里的山城,油糕摊多达四五十家。赶会者皆以吃饱油糕为荣,乡间的一些人因为年纪大或患病等原因,不能亲到县城赶会,也要托人买回几包油糕,在家分享其乐。

据传,乡宁四月八油糕会开始于北宋年间,距今已有一千多年的历史,那是宋太祖赵匡胤年间的事了。为了永久地怀念和铭记一位屈枉先贤——古

晋国大夫荀息，人们选择了县城境内钟灵毓秀、风水极佳且交通便利的古柏山，为这位隔代名士修建了柏山坟茔，建造了柏山寺的荀息庙堂。每年农历四月八，民间以最庄重、最得体的炸油糕方式继承、传播古庙会的特定风貌。即使屡遭灾荒年景，兵痞战乱，这种民俗依然倔强地流传了下来。

亲身体验一番熙熙攘攘的庙会，以油糕吃饱为乐，岂不快哉！

吕梁市风味（小米钱钱饭、碗托）

小米钱钱饭

"小米还是山西的好"，人们对这句口号可谓耳熟能详。小米原产于中国北方黄河流域，而山西是著名的"小杂粮王国"，这得益于得天独厚的地理优势。"山西小米"已成为继"山西汾酒""山西陈醋"之后的又一张黄金名片。山西人对小米的热爱，不仅停留在一碗粥上，热爱生活的山西人还用小米烹饪了无数的美食佳肴，有河捞饭、炒小米、蒸排骨、寿司卷，喷香的小米简直是无所不能。小米钱钱饭在山西吕梁很是流行，几乎是家家户户每天

必吃的。

　　小米钱钱饭的原料是小米和黄豆或黑豆，做前把黑豆或者黄豆放入水中浸泡数小时，泡软为宜，然后捞出沥干，在碾子上压成扁状。因为压出的黑豆或者黄豆颗粒犹如古代的铜钱，所以名为"钱钱"。在农村，经常能看见家庭妇女们"捣钱钱"。刚捣成的钱钱是湿的，不能存放，所以必须晾干（不能放在太阳地里晒，一晒就变味了）。一般在农村都是放在柳条编织的"筐箩"里摊成很薄的一层，晾干后再收藏在布袋里存放待用。

　　做这个钱钱饭，要先将压好的钱钱直接凉水下锅，煮的时候用勺子不停地翻搅。等水烧开后下入洗好的小米，锅里的水煮开后，打开锅盖继续煮30—40分钟，等小米和钱钱煮至稠粥状就可以了。

　　传说貂蝉生来喜吃钱钱饭，餐餐吃，餐餐不烦，这位美女本来先天基因就好，再加上后天钱钱饭的养育，日久天长，就出落得肤靓肌腴，美姿绰绰，流芳千古。在陕北农村，每当女孩子不吃钱钱饭时，大人们就会说："好好吃，吃上我娃能变美。"爱美之心人皆有之，一听能变美，小女孩们就会把钱钱饭吃完。

碗托

　　吕梁碗托，是山西吕梁境内的一种特色美食。在方言里又叫作碗凸、碗托、碗坨、碗脱、碗团、碗托子。其风味独特，为小吃之上品。碗托，顾名思义是将荞麦面制成的糊放入碗中，上笼蒸熟晾凉后，拔出一个和碗形状相似的"托"来。地道的保德"碗托"用的是荞麦面，把粗的、黑的筛去，留下白的、细的，称为"上荞面"。荞面碗托，观之晶莹光亮，粉白微青，质地精细，柔软，光滑，细嫩，清香利口。

　　碗托是勤劳智慧的劳动人民发明的一种美食，用碗将荞面糊糊蒸熟，凝固冷却后切成条条、疙瘩。荞面碗托宜凉调，宜热烩，或浇以素汤，或拌以肉酱。外地人到此，无不以一尝为快。

　　碗托不仅做起来讲究，吃的方法更需有道。碗托的调味汁，必需的当然是山西陈醋和蒜泥汁，加点油泼辣子更合适。若是在饭店里吃碗托，多是那种已经从蒸碗里取出的，切成长条，再加些黄瓜丝、海带丝一起凉拌。在街头吃碗托才会有市井的感受。店家做好的碗托都是两只碗口相对扣在一起，顾客来了，就掀开一只，用刀片唰唰划成指头大小的方块，浇上汁儿，再递给一根长竹签。没地方坐，只能托着碗，用竹签挑着粉块儿"站着吃"，也叫"蘸着吃"。这是街头碗托的标准姿势。夏日里，就着酸辣扑鼻的蒜香，吞着滑润凉爽的碗托，实是一种享受。吃碗托要快，一口连着一口下去，看上去一碗，其实也没有多少分量，片刻间一碗下肚，吐一口长气，酸醋与蒜气四溢，爽！

运城市风味（闻喜煮饼、羊肉胡卜）

闻喜煮饼

　　中国是礼仪之邦，中国人重视礼尚往来，把美食馈赠给亲朋好友是我们对幸福最含蓄、最朴实的表达。闻喜煮饼同其他食物一样，传达着人们千百年来美好的祝福。闻喜煮饼，形似圆月，其形之圆，代表团团圆圆。闻喜煮饼是一种山西省的地方传统名点，正宗闻喜煮饼大多产于山西省运城市闻喜县，在山西有着"饼点之王"的美誉，又有"国式糕点绝产"之美称。

　　闻喜煮饼难道是用水"煮"出来的？它名字的由来一直众说纷纭，相

传武王伐纣时，太师闻仲出征应战，兵至"古唐"也就是山西省南部翼城一带，用当地的饴、面混制糖饼，当作干粮，这种掺有糖饴的食品不容易坏，便于携带，那时叫"闻太师饼"。汉武帝时把此地改名闻喜，当地方言中称油炸为煮，所以"闻太师饼"也随之改名"闻喜煮饼"了。也有的说是康熙皇帝巡行路经闻喜时，吃到此美味，赐名"闻喜煮饼"。无论起源于哪，闻喜煮饼都代表了山西人的智慧。

闻喜煮饼的主要原料为面粉、蜂蜜、小磨香油、糖秫及上等红、白糖等。形似圆月，由于外皮粘满白芝麻，所以外观是月白色，手感松软有弹性，压陷后可恢复原状。其外裹芝麻，滚圆状，内有栗色、绛白二色分明的饼馅，能够拉出二三寸长的闪亮亮的蜜丝，咬一口下去，不皮不黏不腻，芝麻的清香夹杂在松软的饼皮中，混合酥沙的蜜馅儿，不断挑逗味蕾的极限，甜而不腻的口感令人回味无穷。

羊肉胡卜

羊肉胡卜是山西省运城市久负盛名的传统小吃。"羊肉胡卜"不是羊肉和胡萝卜，这里的"胡卜"指的是一种死面饼子，尤以北相镇的最为著名，故称"北相羊肉胡卜"，距今有100多年历史。

北相羊肉胡卜的诞生，与著名的戏剧"二进宫"有关。"二进宫"是一部反映明代宫廷斗争的历史剧。明穆宗朱载厚死后，李良企图篡位，皇后密召徐、杨二人进宫，欲把太子交与二人带出宫。杨派人去蒲州搬兵却走漏风声，李良派兵追到泓芝驿。北相镇的路老汉在泓芝驿卖炊饼，一位后生冲进他的席棚喊救命。后生一路上饱受风寒病倒了，高烧不退。路老汉

心急无招，把炊饼用刀切碎，抓起一块羊油放进锅中，趁热放进大料，再投入一把潞盐加水烧开，把炊饼加入烹好倒进碗中，趁热喂下。半个时辰后，后生高烧渐退，赶往蒲州搬兵救驾。事后，这位后生找见路老汉，见面就拜，唱道："你让我吃的真是护国良肴啊！"路老汉听不清后生的南方话，把"护国"听为"胡卜"了。

羊汤的鲜美取决于羊肉的选择，当地人熬制羊汤一般选用30斤左右的嫩羊，这样重量的羊，肉质鲜嫩，熬好的汤香味醇厚。光选材精良还不够，熬制羊汤时，一定要先用大火烧滚（沸），之后再改用小火慢炖，一直焖至羊肉熟烂。这样做出来的羊汤香醇浓郁，羊肉瘦而不柴、肥而不腻。除了羊汤，一碗美味的"羊肉胡卜"当然离不开"胡卜"了。"胡卜"是当地人制作的一种死面饼子，即不加发酵粉，直接用温水和面。面和好后，擀成薄片，刷一层食用油，刷油的目的是让饼起到分层的作用，这样做好的饼子煮到羊汤里，不仅能吸收羊汤的鲜味，而且口感十分劲道，吃到嘴里清爽鲜香。

第八章 河南风味

河南地处中原，有山有水，风景秀美。其实河南不仅仅只是旅游的好地方，还是有名的美食"绿洲"。

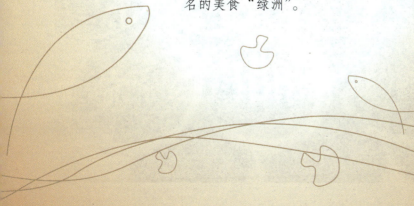

三门峡市风味（陕州十碗席、灵宝羊肉汤）

陕州十碗席

    陕州十碗席又称"十全席""十碗饭"，一般为老人祝寿、送葬或过春节招待客人时才做。当地传统宴会的菜品一般分为酒菜和饭菜两大部分，其中的饭菜，很多地方都是十大碗，民间俗称"十碗饭"。

    十碗席内容大有乾坤，十碗席可不是简简单单十道菜，它包含"六肉四菜"。"六肉"为："大红"（切成方块的红烧肉，又叫"方印"）、"小红"（条

子肉)、大酥(过油肉)、肘子、鸡肉、肉丸子;"四菜"为:菠菜、白菜、黄花菜、豆芽。其中菠菜和豆芽是凉拌的,白菜和黄花菜是热汤菜。碰到没有菠菜和白菜的季节,要用别的青菜代替,但一定要尽量注意色泽的相同。

十碗席摆放大有讲究,十碗席依次上桌,顺序是"一鸡、二肘、三白菜、四红肉、五菠菜、六酥肉、七黄花、八小红、九豆芽、十丸子"。上菜的方法有两种:"硬墩"和"拉席"。

有时十碗也会变九碗。给老人祝寿或给孩子过满月时,十碗饭要去掉最后一道丸子,因为"丸"与"完"谐音。改成九碗,取"九九不尽""富贵长久(九)"之意。九碗菜在饭桌上仍是排成三排,呈现"三三见九"的格局。

十碗席历久不衰,是因为具有不可替代的自身优势。一方面,十道菜搭配均衡合理,营养丰富。有荤有素,有热有凉,有肥有瘦,可谓老少皆宜,配菜根据季节的不同有白豆腐、油炸豆腐、冬瓜、南瓜、莲花白等。从形状上看,有方块,有长条,有菱形,有丝有片;从色彩上看,绿、红、黄、白,令食者未动筷先赏心悦目。味道有酸有辣,油大味浓。好吃又好看,岂能不受人欢迎?

另一方面,十碗席体现了对事物完美的追求,即"十全十美"。

灵宝羊肉汤

灵宝羊肉汤是河南灵宝经典的传统小吃，羊肉汤对于灵宝已不单单是一种饮食，而是一种文化，一种灵宝人与之不可分割的情愫。

肉汤已成为灵宝饮食的代表。不知是灵宝知名度的提高使得灵宝羊肉汤声名远播，还是灵宝羊肉汤走出灵宝、走出河南提高了灵宝的知名度，反正来灵宝的客人都要美美地喝上一碗羊肉汤。

"灵宝羊肉汤"用途很广，可作为火锅底汤、卤水汤汁，还可以烹制"上汤牛鞭""上汤白菜"等菜肴。用它制作烩面、刀削面、焖饼等饭食，味道也佳。不过，"烩灵宝羊肉汤"才是食客的最爱。

焦作市风味（闹汤驴肉、武陟油茶）

闹汤驴肉

闹汤驴肉是河南省汉族传统名吃，属于豫菜系，起源于河南沁阳城，相传至今有100多年历史。闹汤是利用现代加工技术将煮肉后的陈年老汤精制而成，闹汤富含有人体所需的蛋白质、维生素、矿物等营养元素，是滋补健身的佳品。比较出名的是怀府闹汤驴肉。

怀庆府具有独特的地理环境，丰茂的药草植被养育的豫北平原驴，其体健精锐，肉质细腻、营养丰富，深受国人称道。怀庆府驴肉由于受地域、土质、气候等独特的地理环境和人为因素影响，具有其他同类产品无法比拟的优势。其汤鲜肉嫩、香味四溢，食后沁人心脾，回味悠长，实乃老少皆宜之

佳品。

怀府闹汤驴肉最早起源于沁阳城内一条很不出名的小巷，相传在明清时期就已出名，至清末达到鼎盛。传说，该胡同内一董姓人家将自家种完地后闲下来的一头驴杀掉，精心制成小车驴肉上街出售，没想到立时兜售一空，从此就干起了卖驴肉的营生。久而久之，驴肉越做越香，卖驴肉的也越来越多，相继出现了胡、靳、王、徐等各家。因沁阳古为怀庆府治，商业发达，商贾云集，每天都有各州县的客商云集这里批肉贩往各地。从此，怀府驴肉远近闻名，这条小巷也因此得名"杀驴胡同"，一直流传至今，名声越传越广。

武陟油茶

武陟油茶为河南省武陟县的特产，是国内素负盛名的风味小吃，至今已有2600多年历史。

武陟油茶成名于两千多年前的秦朝末年。据历史记载，公元前206年，楚汉相争，刘邦受伤于武德县，住在姓吕的家里。吕以膏汤积壳茶食之，三个月后刘邦伤愈。刘邦有诗云："佳膳出武德，膏汤

胜宫筵。"刘邦即位后，在长安思食膏汤不得，即召吕某入宫，封为五品油茶大师，封油茶为御膳。

武陟油茶因产于河南武陟县而得名。它名为茶，实际是粥。它的主料为精粉麦面，做粥之前，要先用油把面炒熟，所以人们称这种粥为油茶。武陟油茶的原料除精粉麦面以外还有珍珠淀粉、花生、芝麻、小磨油和怀山药等。

另外还要加入茴香、花椒、肉桂、丁香、枇杷、砂仁、蔻仁等24种高级香料。武陟油茶不仅味道浓郁，营养丰富，而且还有健胃提神的功能。

洛阳市风味（水席、酱面条）

洛阳水席

洛阳水席，是河南洛阳一带的特色传统名宴，属于豫菜系。洛阳水席始于唐代，至今已有1000多年的历史，是中国保留下来的历史最久远的名宴之一。

洛阳水席有两个含义：一是全部热菜皆有汤——汤汤水水；二是热菜，洛阳水席是吃完一道，撤后再上一道，像流水一样不断地更新。洛阳水席的特点是有荤有素、选料广泛、可简可繁、味道多样，酸、辣、甜、咸俱全，舒适可口。

2018年9月10日，"中国菜"正式发布，"洛阳水席"被评为"中国菜"河南十大主题名宴。

洛阳水席菜品特色体现在具体菜名：八个凉菜，十六个热菜，八个凉菜是以服、礼、韬、欲、艺、文、禅、政为主题的菜名，十六热菜以四镇桌、八大件、四扫屋为主题。

"服"：用蛋黄做成蛋衣缚于菜上，蛋衣薄如透纸，金黄无杂，食用红绿丝在蛋衣上缀成龙凤图案，此也表示帝王黄袍加身。

"礼"：去鹿筋濯白成勾，似躬状，洁白晶莹，在盘中置放有序，体现出"彬彬有礼"。

"韬"：用五香腐张卷起香馅（雨后洛河堤岸上香艾丛中生出的土耳，菌类。土话叫"地圈儿"。）外不知其内，内不知其味，吃进嘴里方有难以言说之鲜美感。

"欲"：取三岁狗外腰花切成片，中开口，嵌岁满公鸡内腰作形，点缀以枸杞子，用冬虫夏草围盘，看去峥嵘艳艳，食之壮阳补虚。

"艺"：过去是用脆莲雀舌成菜。指莲如画，雀鸣春，乃喻如画汀山，歌舞升平的意思。当然，今天我们要保护鸟类，雀舌已被取代。

"文"：用青笋调鲤须成菜。笋为竹魂，竹为文友，文成天下之理（鲤）。

"禅"：武则天曾是出家之人，算是与佛禅有缘。这盘菜是清素不沾油荤的。

"政"：用雁脯、鹅掌做成。雁知寒暖而迁徙，鹅掌载身而浮水，比喻政权者当知天下冷暖，民意载覆之道。今天雁脯已被鹅脯所代替。

"国色朝酣酒，天香夜袭衣。"洛阳是著名的牡丹城，人们将富有神奇传说、娇艳华贵的牡丹和菜结合起来，更富有鲜明的洛阳特色。

粉浆面条

粉浆面条起源于河南省方城县。据传在明朝正德年间，该县一个姓史的人开了个饭店，生意兴隆。有一年小麦歉收，豌豆丰收，饭店天天卖豌豆面饭，一时生意萧条。一天，京城一位钦差大臣带随从路过此店吃饭，店主因无上等米菜下锅急得团团转。当他看到盆里磨碎的豌豆和桌上的面条时，急中生智，用椒叶、藿香等当佐料，用豌豆浆做汤下入面条，做了一锅豌豆浆面条。钦差大臣吃后十分满意。此后店主便新增了粉浆面条这一道菜，小店生意又兴旺起来，从此，这粉浆面条便成了河南的一道名吃。

经过数百年的改良，粉浆面条的制作方法也越来越讲究。正宗的粉浆面

条多用杂粮面，面条一定要细。最重要的一点是辅料——粉浆，粉浆的好坏直接决定整个面条的味道。做浆时，先把绿豆或豌豆用水浸泡，膨胀后放在石磨上磨成粗浆，用纱布过滤去渣，然后放在盆中或罐里。一两天后，浆水发酵变酸，粉浆就做好了。把酸浆倒在锅里煮至80℃，浆水的表层泛起一层白沫。这时，要用勺子轻轻打浆，浆沫消失后，浆体就变得细腻光滑，接着再下入面条等其他调料。此外，芝麻叶也是不可缺少的一大食材，芝麻叶要选初长成叶的叶心，洗干净之后，用开水焯一下，然后放在阴凉的地方晒干保存起来备用。芝麻叶不太好找，所以很多人都用芹菜叶代替。

如今，洛阳粉浆面条遍布大街小巷，大有取代方城粉浆面条之势。洛阳人的吃法更为考究，以前面条里的配菜都是黄豆、芹菜、咸菜丝老三样，现在已经增加到十来种，如酸白菜丁、小尖椒、榨菜丝、雪菜丁、黄瓜丁、萝卜丁、黄豆等，都是事先腌制好的，已经入了味，吃起来味道妙不可言。

浆面条也叫酸面条，其原因是发酵后的浆酸味十足，是河南洛阳的传统名吃，是以绿豆浆发酵制作面浆，经特殊工艺而成的面条。洛阳、汝州、新郑等地的浆面条，制作简单，成本低、味道美、易于消化，酸味独特，咸香适口，自古以来流传不衰，成为颇具浓厚地方特色的名食。

郑州市风味（烩面、葛记焖饼）

烩面

烩面是河南特色美食，有着悠久的历史。它是一种荤、素、汤、菜、饭聚而有之的传统风味小吃，以味道鲜美、经济实惠享誉中原，遍及全国。烩面按配料不同可分为羊肉烩面、牛肉烩面、三鲜烩面、五鲜烩面等。烩面的精华全在于汤，下面时，锅内放原汁肉汤，将面拉成薄条入锅，上桌时外带香菜、辣椒油、糖蒜等小碟。

河南烩面所用的面为扯面，类似于拉面，但稍有不同。一般用精白面粉，兑入适量盐碱和成软面，经反复揉搓，使其筋韧。烩面的精华全在于汤，羊肉汤要选用上好鲜羊肉，经反复浸泡后下锅，撇出血沫，放入全大料，将肉煮烂。下面时，锅内放原汁肉汤，将面拉成薄条入锅，放上羊肉，配以黄花菜、木耳、水粉条。上桌时外带香菜、辣椒油、糖蒜等小碟，其味更鲜。因为面香肉烂、味道浓郁而且价格便宜，它成了中原地带最典型的风味小吃。

传说八国联军进军北京时，慈禧太后逃到山西避难仍然牢记用烩面补身驱寒，多次差总管李莲英诏贡山羊做烩面食用，及时解除了寒疾病险。直到清末满汉全席宗师御厨庞恩福因不甘宫廷御膳房苛律束缚，逃出皇宫隐居黄河河南段后，正宗的原阳烩面才传艺民间。

葛记焖饼

葛记焖饼是"京都老号"葛记坛子肉焖饼馆独家经营的一种传统特色小吃。焖饼时，锅内用青菜铺底，放上饼条和坛子肉，加入高汤稍焖即成。其肉香醇厚、肥而不腻，其饼柔软适口、老少皆宜。焖饼时配菜除用豆芽外，更多是用四季鲜菜，如蒜薹、小白菜、四季梅、茭白等。焖饼用的汤，除猪肉汤外，还用鸡汤、鸭骨汤，因此焖出的饼软香不腻、鲜美爽口。

据《郑州饮食行业志》记载，葛记焖饼馆的创业人葛明惠，是清朝满族正黄旗人，生于1882年，他10岁进北京珂王府做事，曾给王爷赶车，颇得王爷欣赏，他勤快好学，闲时常到王府膳食房帮厨，熟谙烹调技艺。当时，王府中有一种主食千层饼，还有一种菜名坛子肉。

有一天，王爷回到府中，感到腹中饥饿，葛明惠便越俎代庖，用坛子肉为王爷焖了一盘饼，又用榨菜、芫荽沏了一碗汤，饼软肉香、清汤爽口，王爷大加赞赏。民国初年，战乱纷纷，葛明惠携两子来河南谋生，危难中想起被王爷大加赞赏的坛子肉焖饼，于是，经朋友帮忙在郑州火车站附近开了"坛子肉焖饼馆"，葛明惠亲自站灶，他的两个儿子打下手。

新中国成立后，葛明惠和他的次子先后去世，长子葛去祥继续经营。他继承发扬父亲的烹调技术，使烹制的坛子肉一开坛便香气四溢。经其多年苦心经营，葛记焖饼成为闻名遐迩的风味小吃。

新乡市风味（获嘉饸饹条、原阳凉粉）

获嘉饸饹条

饸饹是北方三大面食之一，和拉面、刀削面齐名，深受豫、晋、陕、蒙等地的老百姓喜爱。其他各地都叫饸饹面，唯独获嘉人叫"饸饹条"。

获嘉饸饹条口感筋道，配料简单。一锅高汤，成年累月地熬在火上，每天不断地往里续水、放肉丁、加佐料，汤色亮黄。吃面的时候，加上青蒜苗段，外加牛肉或者驴肉丁（秘制好的臊子），油汪汪地盖满一碗，蒜苗的清香和着肉香扑鼻而来，吃一口，面条筋道、汤厚味重。

获嘉饸饹条面汤呈碱性，若酒喝多了，次日到饸饹铺讨碗面汤，热汤进胃，驱寒止酸，保你通身清爽舒坦，元气满满。

获嘉饸饹条价格亲民，制作简单、便捷，无论是偶尔饭没着落的"孤家寡人"，还是三五好友聚会、款待外地宾客好友，获嘉街上出门随便转转，就会在不同的街道找到饸饹铺，也不拘到哪家店，很少的钱就可以吃得舒坦。

饸饹条的"气质"里，带着朴素的亲切和温暖！它可以照顾"落单的人"吃得暖、"囊中羞涩的人"吃得饱，也可以成全"浩浩荡荡"的热闹。

获嘉饸饹条好吃，有关它的故事也很神奇。

传说商纣王听闻苏护之女苏妲己相貌奇美，德才俱佳，下诏纳其为妃，苏妲己就由其兄嫂护送前往国都朝歌，途中路经获嘉，下榻于当地驿馆，妲己之嫂颇通玄术，夜观天象知道会有妖魔不利于妲己，于是下厨用面粉佐以祛邪之物做了一碗面，亲自给小姑妲己端过去。

走到门口，已经晚了一步，正好看到受女娲之命来秽乱殷商的九尾狐狸精正在吸取妲己的元神，其嫂法力有限，眼睁睁地看着九尾狐狸幻化成妲己模样，与妲己肉身合二为一，惊恐得说不出话。假妲己笑吟吟地问嫂嫂所端面食叫何名，妲己之嫂见天命如此，痛心疾首，只是喃喃道："活啦，活啦……"

获嘉饸饹条由此留名。流传到民间的饸饹条，虽然用料简单了许多，不过倒真的是有祛风避寒的功效。尤其是寒冷的冬天，一碗饸饹条吃得身子暖呼呼的，要是就着大蒜再放点辣椒，保准会让你通身冒汗，舒舒坦坦。

原阳凉粉

　　原阳凉粉是河南省新乡市原阳县的一道特色小吃，属于豫菜系。原阳凉粉以绿豆为原料，是原阳人待客最喜爱选用的名吃佳肴，正宗的原阳凉粉作坊在原阳县城关镇，它既能当饭，又能当菜，而且具有消肿宜气、清热解毒、醒酒利便、消暑养颜的效果。

　　制作原阳凉粉，首先选定上好的本地绿豆，以颗粒饱满，色泽温润为佳。以本地井水泡发，然后磨浆滤芡，细心操作，四季温湿度不同，所有环节的制作时间亦有不同。尤其是熬制凉粉时，火候一定要把握好，用火要稳，加热要匀，丝毫不得马虎。小小的凉粉制作，不次于烧制精美的瓷器，一个环节上的疏忽大意，就会前功尽弃。

　　这样制作出来的凉粉软而有骨，爽而不脆，绵而不浓，筋道爽口，凉粉团切起来刀口整齐，丝条匀而不断，凉拌热炒不变形。原阳县的凉粉叫人食而难忘，久吃不厌，成了原阳人的骄傲，成为原阳一绝。

开封市风味（小笼包、开封桶子鸡）

灌汤小笼包

灌汤小笼包是开封的传统食品，早在北宋市场上已有售卖，称灌浆馒头或灌汤包子。东京72家正店之一的"王楼"，制售的"山洞梅花包子"，号称"东京第一"。北宋之后，灌汤包子在开封流传下来。

20世纪20年代，名厨黄继善创办"第一点心馆"，主营灌汤包子。30年代，他适应市场需求，对包子的制作方式加以革新，将原来的半发面皮和瘦肉掺猪皮冻糕加江米、料酒、子母油、甜面酱、小磨香油等制的馅，改为用

死面制皮和用白糖、味精为馅提鲜。通过"三硬三软"和面，使面皮筋韧光滑，不漏汤，不掉衣。还改大笼为小笼蒸制，就笼上桌，旋吃旋蒸，旋蒸既保持了包子的热度和形状的完美，又便于经营，备受顾客欢迎，此即为灌汤小笼包。

灌汤小笼包外观像菊花，夹起来像灯笼，而且包子至少要有十八个以上的褶子。吃法极其讲究，在当地流传"先开窗，后喝汤，一口光，满口香"的顺口溜，也就是夹着包子上面封口处把包子轻轻提起，然后慢慢移到嘴边在包子的上面一侧咬一个小口，从小口中吸吮里面美味的汤汁，最后一口把小笼包吃掉，那种鲜香美味绝对让你印象深刻。第一个包子一定不要蘸任何佐料，要的就是那个正宗原味。一口飞溅而出的滚烫汤汁，则是汤包的灵魂。哪怕无数次冒着被烫的危险，大家也仍然乐此不疲。

开封桶子鸡

桶子鸡是开封特产名菜，以其色泽鲜黄、咸香嫩脆、肥而不腻、越嚼越香几大特点而出名。其主料是鸡，主要烹饪工艺是煮。老母鸡的补益之功效更高，许多久病、瘦弱之人用来补身，尤其是畏寒风重、虚不受补者，老母鸡不但能补气补血，还可祛风。

说到桶子鸡，就要先说一说开封的百年老店"马豫兴"，在国内很多地方都有打着他的旗号开的店，大家也许对这个名字并不陌生。但说到它的全称"金陵教门——马豫兴"，就很少人知道了。

马豫兴的创始人是马永岑，马家原是云南的，家势显赫，大致在清朝顺治年间，吴三桂拥兵入滇，马家受到极大影响，于是迁到了金陵（就是现在的南京），开设了商号"春辉堂"。到了咸丰年间，由于太平军和清廷之间的征战，金陵处于兵火之中，马家在马永岑的带领下来到了开封。当时他在开封开的商号叫"豫盛永"，主要经营南北食货，马永岑针对中原盛产鸡的情况，结合南京鸭制品的加工方法，苦心钻研，以母鸡为原料，不开膛，不破肚，使鸡成为桶状，做出了新的品种——"桶子鸡"，当时就十分

受人欢迎，到了同治三年，马永岑又开了新店，起名叫"金陵教门——马豫兴"，教门表示他信奉的是伊斯兰教。时过境迁，今天桶子鸡的做法早已被开封的广大商家所熟悉，有些店的桶子鸡比起马豫兴丝毫不差。

马豫兴桶子鸡以制作精细、选料严格、味道独特而久负盛誉，久销不衰，现由马豫兴鸡鸭店烹制经营。在原有经营基础上，新增添棕黄光亮、烂中香脆、醇香味厚的烧鸡，桂花板鸭，焖炉烤鸭，五香酱牛肉。重鱼和牛肉干等商品，也为人称道，享誉古城。

濮阳市风味（濮阳壮馍、濮阳裹凉皮）

濮阳壮馍

壮馍是河南濮阳著名的地方面食小吃，成品壮馍色泽金黄，外焦内嫩，食之鲜而不膻、香而不腻。壮馍形如圆月，直径约30厘米，皮分4层，馅以鲜羊肉为主，加以葱、姜、香油等多种佐料搅拌而成。

相传明洪武年间，濮阳有一位父母双亡、家道中落的书生寄宿在岳丈家中，备受岳丈嫌弃，其妻却和书生相濡以沫，感情深厚。恰逢皇帝恩科，书生欲进京赶考，与岳丈商量，岳丈吝啬，只许带死面烙饼于身侧作为路上充饥之用。妻子不忍，偷偷于饼内掺入肉馅，外皮与寻常烙饼无异。

后书生得中状元，皇帝朱元璋询问其有何愿望。状元说："愿再尝拙荆所做之烙饼足矣。"朱元璋好奇身为状元，什么山珍海味吃不到，为何单喜欢这粗粮烙饼？状元回答："此间滋味陛下一尝便知。"于是朱元璋下旨快马加鞭将状元夫人接入京城，择日献上此饼。

状元的巧夫人得知皇帝要吃她做的饼，怕做不好皇帝怪罪，则改良用小麦面，包裹肉馅。肉馅辅以大葱，饼炸至外表焦黄。朱元璋食后龙颜大悦，问状元夫人此为何名，夫人胆小，回答："尚未取名，是油炸的馍（地区叫法）。"朱元璋说："既尚未取名，又是状元举荐的美食，就叫状元馍吧！"

自此状元馍流传开来，但人们觉得状元馍拗口，就叫状馍，后因平民不识字，演变成了"强壮"的"壮"，取其吃了可以强身健体等功效，谓之"壮馍"。

濮阳裹凉皮

濮阳裹凉皮，也叫河南卷凉皮，是河南省濮阳市的传统小吃之一。其做法是将黄瓜丝、熟花生碎、凉面、牛筋面、面筋、香菜等用芝麻酱、辣椒油和其他调料拌匀后放入一大张凉皮里面，裹成卷放入塑料袋中即可食用，方便快捷。

西北多有城市盛产凉皮，但大都是凉拌而食。把凉皮裹着吃的，是濮阳人。

在濮阳，一年四季都有人吃凉皮，但吃凉皮的最佳时间还是夏季。筋道的凉皮配上酸爽冰凉的汤汁、香甜的芝麻酱，能驱赶夏季的燥热烦闷。

裹凉皮最重要的一种原料是碎花生，把花生炸熟，碾碎，加入盐等调味品，搅拌均匀方可食用。合格的碎花生要脆，要碎，要香，要有味。做裹凉皮不仅有独特的配料，裹凉皮用的原料——凉皮也经过了再三改良，才能把各种材料包裹在内。

裹凉皮要的就是一个巧字，一个裹好的凉皮要面皮剔透，能隐约看见所裹之物；面皮还要完整，不能破开，不能漏洒汤汁；黄瓜丝、碎花生等物要涂抹均匀，味道调制得当，咬下去咸淡一致。这样的凉皮才好吃，也才算合格。

第九章 山东风味

　　山东地界在古代可谓是人才辈出。齐鲁文化之孔孟先贤、墨家墨子、兵家孙武等先辈都在此留下了千年的文化传承。加之泰山、大明湖、台儿庄古城等人文景点的属性加持，一度让很多中外游客对这里心心念念。其实，这里的美食更加诱人。

菏泽市风味（东明香肚、单县羊汤）

东明香肚

　　黄河从菏泽市进入齐鲁大地，东明为黄河入鲁第一县，是先秦大思想家庄子的故里。悠久的历史，深厚的文化底蕴，孕育了丰富多彩的文化技艺。东明香肚又称为粉肚，是流传于当地的一项独具特色的传统美食。

　　东明香肚不同于南京香肚，去掉了"甜"这一特色，更适合北方人口味，据资料记载，凡筵席之时香肚所放的位置即首席，"独居尊"这个词形象地道出了香肚的地位。东明香肚的制作历史可追溯到明代，据传在明嘉靖年间，由当地一名卖熟食的商人制作，据《东明县志》记载："东明香肚始创于1827年，由靳如兰开创六百居，主营香肚、香肠。"后经历代传承，香

肚技艺便在东明扎下了根。

东明香肚传统制作全凭人工手制而成，其制作工艺比较烦琐。香肚制作时以猪小肚为容器，第一道工序切割猪肉，每块猪肉都是切割成一指长，拇指盖粗细的肉条；第二道工序是香肚加工的核心——研磨配料，含植物大料超过15种，拌料在直径一米以上的大盆中完成，为使馅料更均匀入味，采取手工拌料方式；第三道工序极其关键，向清洗干净的猪小肠内灌装，看似简单的工序其实极具技术含量，馅料因掺入大量香油酱油等液体，所以呈半固体半流质状态，要保证舀到的馅料干湿比例合适，否则将影响香肚的口感和美观；第四道工序是香肚装填完成后以竹签封口下锅，下入沸腾的老汤片刻，香肚会因内部受热膨胀成浑圆的球状，接着捞出，趁热以白纱包裹系紧再次下锅，文火慢煮4—5小时即可出锅，依靠刺入时阻力的反馈判断火候。刚出锅的香肚质地柔软，需以铁钩悬挂冷却，不能堆积，这样成品的香肚才呈现浑圆状。成品香气四溢，故称香肚。因其中含有淀粉，在当地亦称为"粉肚"。

球状的香肚切开后肉色鲜亮，放在太阳光下即可看到每一块肉的纤维轮廓，香气宜人，食之糯而不散、咸香适口，具有典型的鲁西南肉食风味特色。切之装盘即是一道佳肴，爆炒后口味更佳，当地人把香肚作为馅料包饺子、蒸包子做主食，别有一番风味。

单县羊汤

　　山东单县，古称单父，因舜帝的老师单卷而得名，又因是刘邦的妻子吕后吕雉的故里而出名，单县地处苏、鲁、豫、皖四省八县交界处，南有黄河故道，北有贯穿全境的大沙河。这里水草丰美，绿树成荫，阳光充足，气候湿润，春夏秋冬四季分明，是个天然的优质牧场，被称为"中国青山羊之乡"。20世纪80年代的菏泽农村，几乎每家每户都散养着很多青山羊，鲁西南青山羊是菏泽的优质畜牧品种，被称为曹州（古地名，指今菏泽）"国宝"。

　　单县羊肉汤是菏泽市单县的特色美食，始创于清嘉庆十二年。单县羊肉汤不仅在鲁西南一带久负盛名，在冀、豫、苏、皖等省乃至全国都有较高声誉，以其"色白似奶，水脂交融，质地纯净，鲜而不膻，香而不腻，烂而不黏"的独特风格，被誉为"汤食一绝"，载入《中华名食谱》，被国人称为"中华第一汤"。

　　羊汤熬制时最关键的工艺有两点：一是各种佐料的运用，多则药味过头，少了则腥腻不净；二是掌握火候，火小了则不能达到水脂交融，一色到底，火太急熬不全味，又会丧失营养成分。正宗单县羊汤可分为羊肉汤、全羊汤、羊杂汤、羊头汤和羊蝎子，附带有蒜泥羊头、凉拌羊肉、羊肚、羊脸、羊杂、酱羊蹄、酱羊肚、红焖羊肉、羊肉水饺及各种特色小菜等。因投料不同，单县羊肉汤又可分为"天花汤""口条汤""肚头汤""曲眼窝汤""奶渣汤""马蜂窝汤""三孔桥汤"等。味道各具特色，但千变不离其宗。销售中，每加水一次，就加入一定数量的生肉再行熬制，时销时添，保持汤味鲜美。一瓢一勺舀起了菏泽千百年生活意趣，端上桌的是鲜活烟火气息，喝下去的是百转人生。与吊炉烧饼同吃，可谓绝配。在单县，即使是山

珍海味，也无法取代一碗汤的地位。

羊汤虽然香醇，但改革开放前，粮食都不够吃，放开肚子喝羊汤是梦中才能实现的美事。人们赶集上店时，看看煮汤的大锅，闻闻诱人的香味，摸摸瘪瘪的口袋，长叹一声而去。那一声叹息，比黄河还要长！而今日子好过了，兜里有了银子，喝羊汤成了习惯，两天不喝想得慌。据说饭点时到单县去找人往往是寻不到的，人们不是在羊汤馆喝羊汤，就是在去喝羊汤的路上。

民间有云："来到菏泽牡丹城，不品单县羊肉汤，等于白来菏泽走一桩！"

济宁市风味（怀抱鲤、梁山糟鱼）

怀抱鲤

济宁历史文化悠久，是东夷文化、华夏文明、儒家文化、水浒文化、运河文化的重要发祥地之一。儒家创始人至圣孔子、亚圣孟子、复圣颜回、史家左丘明皆出生于此。曲阜城内的孔府，又称为衍圣公府。孔府既是公爵之府，又是圣人之家，是"天下第一家"。孔府菜与谭家菜、随园菜被称作中国三大官府菜。其中孔府菜起源于宋朝，直至乾隆年间达至巅峰。孔府菜讲究造型完整，不伤皮折骨，在掌握火候、调味、成型等方面，难度很大。孔府特色菜品有怀抱鲤、烤花篮桂鱼、烤鸭、烤乳猪、一品豆腐、寿字鸭羹等。

怀抱鲤，与孔子及其儿子孔鲤有着联系。周景王十三年，即鲁昭公九年

（公元前533）亓官氏为孔子生下一子。孔子当时是管理仓库的委吏，得到鲁昭公赏识。鲁昭公派人送来一条大鲤鱼，表示祝贺。孔子以国君亲自赐物为莫大的荣幸，因此给自己的儿子取名为鲤，字伯鱼。但孔鲤早逝于孔子。古人墓穴在生时便已选好，但因孔鲤去世仓促，未来得及准备，孔子便将儿子葬于自己准备的墓穴南面五米之处，取为抱子携孙之意。而后孔府厨师便将此典故寓于烧鲤鱼一菜，此菜是用大小各一的鲜鲤鱼经红烧而成。小鱼面向大鱼怀中，分放两格的"鱼船"中，将大小鲤鱼比喻为孔子与孔鲤父子二人。

其工序简单，却极其考验技术。取大小鲤鱼各一条，开膛处理后两面剞斜刀，用料酒、葱姜、酱油等去腥腌制。将大小鲤鱼先后入油锅炸制硬挺上色后捞出。复起锅热油，以葱姜蒜爆香，下五花肉及冬笋略翻炒，加入清汤，以酱油、盐、糖正味，后下入鲤鱼烧制，先以小火炖煮，复以大火收汁，待汤汁半干后捞出鲤鱼，将两尾鱼的鱼腹相靠摆放，形似怀中抱鲤。锅中汤汁及配菜以淀粉勾芡后点明油淋于鲤鱼上即成。

为了不忌犯先祖之名，鲤鱼在孔府中是不能直呼其名的，在所有的以鲤鱼烹制的菜肴中，均称为桂鱼，但唯独"怀抱鲤"与其不同，这样一道高于生活的艺术之作，怎不让人垂涎欲滴。

梁山糟鱼

　　"做宦山东十一年，不知湖上鲫鱼鲜，今朝尝得君家味，一包糟鱼胜万钱。"这首诗是乾隆年间郑板桥赞美糟鱼的一首诗。你没听错，就是"糟鱼"，黄河沿岸的居民都会做这道美食，尤以梁山糟鱼最负盛名。其特色有二，第一是"糟而不糟"，所谓"糟"，是说鱼的鳞、骨、刺烂熟酥面，所谓"不糟"，指鱼体完整，鱼肉烂而耐嚼。第二，糟鱼原料用的是包括鳞在内的鲫鱼"全鱼"。

　　梁山县是古典名著《水浒传》故事发祥地，又被称作"水浒故里"。梁山一带历来是黄河和汶河下游的自然蓄滞洪区，洪水到来，一片洪水退去，

大大小小的水洼成千上万，只要积水的地方便留存下不少鱼，为这一带居民"竭泽而渔"创造了得天独厚的条件。除了较大的鱼刨净沥干，晾晒成干鱼外，余下的鱼便制作成糟鱼，因为，做糟鱼不能用大鱼，四寸以上的鱼是不合适的，一是骨刺难烂，二是不易入味。

俗话说"心急吃不了热豆腐"，其实，"心急吃不上好糟鱼"倒是真的。首先要将鱼收拾干净，不用去鳞，支起一口大铁锅。再将大蒜茎叶洗净，铺在锅底，然后将鱼头尾相靠，逐码放，每放一层，即撒上一层盐和花椒。鱼全部码完后，加水稍稍漫过鱼，盖上锅盖，就可以在锅下烧。做糟鱼要用慢火（文火），时间要长，做糟鱼一般用木柴烧火，两三个时辰过后，香味扑鼻，此时熄掉明火，用暗火（木炭火）"温"，待到第二天早晨，打开锅盖，满锅糟鱼就真正做成了。这是农家自家做糟鱼的过程，做一次一家人可吃好几天。

泰安市风味（泰山三美、东平粥）

泰山三美

　　泰安寓意"国泰民安"，是一座著名的文化旅游城市。来到泰安，除了要去泰山体验一把"一览众山小"之感，也要尝一尝这里独具地方风味的美食——泰山三美。"千菜万菜都吃遍，唯有白菜吃不够。"泰安的白菜却独具风味，泰山三美是指当地的白菜、当地的豆腐，用当地的水熬成的汤，汤汁浓白，味道清香可口。

　　泰山三美之所以备受游人及当地百姓的青睐，是因为历来帝王来泰山都

"食素斋，洁身养性"以示虔诚，其中泰山三美最为著名。

泰山的水，是三美汤的灵魂。它浇灌了白菜，成就了豆腐，把三者熔为一炉，做成了三美汤。泰山白菜并非市场上售卖的普通白菜，而是用泰山泉水浇灌而来，又称"黄芽白""城白菜"。泰山白菜煮时出水很少，好炒易烂，菜汤白郁，入口无渣，清鲜可口。泰山的豆腐，精选北方黄豆为原料，再加入泰山泉水，采用手工石磨工艺制成，浆细质纯，色白如雪，鲜嫩有弹性，不易碎，质嫩不流、久煮不老。经独特的烹饪程序，将最普通不过的食材做出无可比拟的清淡鲜美，让人吃出食材的本味与美味。

好一道泰安三美，"白菜、豆腐、水"。只有气定神闲之心境，方能品出鲜香之精妙呀！

东平粥

　　东平县，隶属于山东省泰安市，位于鲁西南，西临黄河，东望泰山。东平县历史悠久，境内黄河、大运河、大汶河三河交汇，境内的东平湖是山东省第二大淡水湖，也是"八百里水泊"的唯一遗存水域。发达的水系孕育了丰富的物产，现如今水浒的故事已经远去，但这里的东平粥却流传至今。

　　中国人素有喝粥的习惯，清朝黄云鹤的《粥谱》记载了各种粥食达239款之多，可见中国粥品之全，历史之悠久。东平粥无疑是众多粥品中的一颗明珠。东平粥源于清朝康熙年间，距今已有三百多年的历史。它浓如酱，喝如水，洁白爽滑，清香甘美，糊香味独特。其制作工艺复杂，采用东平湖区

特产的优质大豆、小米、莲子、芡实、菱米等精细加工而成。首先提前一天分别把大豆、小米泡于水中，并泡透。第二天把大豆、小米捞出控干，用石磨磨成豆浆和米浆，其次文火烧锅把水烧开，过滤豆浆、米浆下锅，先下豆汁再将米汁边下边摇。同时，下汁过程中，并不停地搅动，以防煳锅，待锅中汁沫下去后，粥即熬成。熬制过程中，不能混入油、盐、水（汽流水），不能盖锅盖，否则粥熬不成糨糊状，而变稀。慢火烧沸后，即可熄火出锅，熬出的粥液以"清汁"为上品。出锅的粥在粥缸内呈液体状态，盛入碗内即凝，表面好像浮着一层油汁，韵味无穷，振人食欲。

此粥闻名于方圆二三百里，外来的客人总以喝上东平粥为喜，无需用勺，端起碗，沿着碗边转圈喝为快哉。配上光亮微黄、食之松脆、香甜可口的马蹄烧饼，有的人要喝两三碗甚至五六碗，直到放一放腰带再喝一碗。东平粥更为奇特的是喝完之后，碗的四周没有一丝粥迹，好像洗过的一样。

聊城市风味（沙镇呱嗒、武大郎烧饼）

沙镇呱嗒

　　聊城独具"江北水城"特色，有"中国北方的威尼斯"之称，其传统美食——呱嗒，制于清代，迄今已有200多年历史，已被收入《中国名吃谱》一书。众多呱嗒中，尤以沙镇呱嗒最为有名，而沙镇呱嗒又以"杨家呱嗒"最为有名。

　　相传郑板桥到范县做县官时经过沙镇，郑板桥正对着一个生肉饼专心致志地看时，被身后的人撞了一下，他的一只手正好把一个生肉饼压扁了。主人舍不得扔掉，便把这个被压扁的肉饼煎熟吃了，顿感味道特别，此后就有这种煎烙的馅类小食品。吃在嘴里，会发出"呱嗒"的声音。

　　呱嗒关键是调馅，呱嗒的馅需要十几种调料调制，调料的配比不同，呱嗒的味道也会不同。同时，和面也十分关键，根据季节和温度，需要调整烫面和死面的比例，面和好了，才能保证出锅的呱嗒酥脆可口。

　　在聊城，很多人的一天是从吃一口呱嗒开始的。来到早餐摊边，呱嗒味儿扑鼻而来，买一个热腾腾的呱嗒，用油纸包住，那薄薄的酥脆的外皮包裹着味道鲜美的肉和蛋，上、中、下三层均匀地混合在一起，看着就让人垂涎欲滴。拦腰切开，露出雪白的蛋清、金灿灿的蛋黄，咬一口热乎乎、酥脆脆，外酥里嫩，唇齿留香，恰到好处，再喝上一口香浓的蛋花汤，整个人瞬间精神"倍儿爽"。

　　一边品尝着美味的呱嗒，一边感受着咀嚼时发出的"呱嗒呱嗒"的声音，还能时不时听到制作者不断地用擀面杖与面团在案板上发出"呱嗒呱嗒"的声响，整个人都沉醉在这"呱嗒"的海洋中，尽情地品味、咀嚼、聆听，不禁感叹——呱嗒美食如其名也！

武大郎烧饼

武大郎烧饼，鲁西名吃。北宋景佑年间，称"炊饼"，后改称"武大郎烧饼"，因在《水浒传》古典名著中均有描述而扬名。

晋帝吃炊饼的时候，侍从不给他从中间十字切开，他压根就不会品尝，是个非常讲究地道的人。而南朝的齐明帝萧鸾，也很喜欢吃炊饼，而且也喜欢从中间切成四份，他倒不是讲究规矩和排场，他完全就是一整个吃不完。切成四份没吃完的下顿饭接着吃，可以说是非常会过日子的国君了。"我食此不尽，可四片破之，余充晚食。"所以南宋的诗人杨万里，就在吃了炊饼之后，作诗道："何家笼饼须十字，萧家炊饼须四破。老夫饥来不可那，只要鹘仑吞一个。"

外焦内柔，韧性十足，吃时必须口咬手撕。吃炊饼可以完全不用菜佐，但是可以喝汤，或就凉白开矿泉水咽之，咀嚼时有芝麻的破碎声响与芳香，进入深度咀嚼，韧面饱含着麦子的香气、盐的咸味和胡椒粉味，交融一体，至嚼成饼团吞咽，成功地给食者以大力吞咽的快感。饥饿时吃炊饼，这种吞咽的快感尤甚。

济南市风味（油旋、把子肉）

油旋、甜沫

"四面荷花三面柳，一城山色半城湖。"这副对联正是描述了济南的地势特点，济南是山东的省会，黄河流经济南市的平阴县、长清区、槐荫区、天桥区、历城区、济阳区、章丘区，又因境内泉水众多，有"七十二名泉"，又名"泉城"。济南历史悠久，是史前文化"龙山文化"的发祥地，众多的特色美食流传至今。

油旋，又叫"油旋回"，是山东济南特色传统名吃。油旋有圆形和椭圆形两种，外皮酥脆，内瓤柔嫩，葱香透鼻，因其形似螺旋，表面油润呈金黄

色，故名油旋。小小的油旋乍一看并不起眼，内容却是相当丰富。光看制作工艺就很不简单，就这么一个薄薄的圆圆的小面饼，近60层的酥脆面皮，经过济南泉水浸润的内里更是柔软如絮，夹杂着的章丘大葱香气弥漫，每层面皮就像一张小纸，刚出炉的油旋外酥里嫩，咬一口，脆生生到软绵绵全有了。油旋必须趁热吃，凉了，就塌了架，生动不起来；再吃，味同嚼蜡。很多人喜欢那种一层一层剥皮吃的感觉，吃出一种精致感。更有精细者，在油旋做熟后捅一空洞，磕入一个鸡蛋，再入炉烘烤一会儿，鸡蛋与油旋成为一体，食之更美，特别享受。

油旋还有一个"好伴侣"，那就是被誉为"泉城二怪"之一的甜沫。济南甜沫距今已有300年历史，从古至今，济南大街小巷的早餐都少不了它的身影。甜沫是泉城济南的一种特色早餐，最早叫添么，一碗小米粥做好后，再添上点粉丝、豆腐丝、花生碎、芝麻之类，口感更加醇香，后来人们以其谐音演化为甜沫。济南人喝甜沫通常不用勺和筷，端着碗，顺着边，转着圈，连吸带喝，既解渴又扛饿，左手油旋，右手端碗喝甜沫，也许只有亲临其境，喝上这种美味的咸粥，才能感受到甜沫一名的来历吧。

把子肉

济南孕育了两大词人李清照、辛弃疾，也贡献了两种国民美食。一个是已经走出大明湖畔、在全国遍地开花的黄焖鸡；另一个是依然守在趵突泉边与济南人相伴的——把子肉。

把子肉，山东肉食界的"小霸王"、五花肉一族中的"扛把子"。相传东汉末年，天下大乱，刘备、关羽、张飞三人，彼此惺惺相惜，决定拜"把子"。张飞是屠户，主要屠猪。几个人拜也拜完了，就把猪肉萱花豆腐放在一个锅里煮了吃。

后来，隋朝时，由鲁地的一位名厨，将此做法进行了完善，精选带皮猪肉，用蒲草将肥瘦相间的肉下热油锅炸一下，再去除多余油脂，炖熟后才能香而不腻；接着就是卤肉，讲究的把子肉做法是不用盐、不加水，靠秘制酱油调味，加上花椒、八角等调料，放入坛子炖至酥烂，用筷子一戳，皮烂肉酥，就能出锅。炖好的把子肉肥不腻，色泽鲜亮，入口醇香，价格公道，深受老百姓的喜爱。这样的做法和刘关张结拜兄弟的传奇结合，就成了今天的把子肉。与济南把子肉组成"黄金搭档"的主食是"好

米干饭"，在干饭上加入把子肉的汤汁，把子肉捣碎与米饭充分融合，这美味谁能抵挡得住？外地朋友可能会疑惑：山东人不是人均每顿三个大馒头吗？是的，山东是面食王国，日常馒头面条大饼是主流，但有了把子肉的存在，山东人愿意为它改变习惯。把子肉跟哪个菜都是百搭，但把子肉的红颜知己还是要数酱辣椒，一口肉、一口酱辣椒，不知不觉半碗干饭就下去了。

在做传统把子肉的行家眼中，最适宜的猪体重约40公斤。太大的猪，肉容易老，口感容易过肥腻；太小的猪，肉又太嫩，香味和嚼劲容易不足。有了合格的猪，还要精选腹部"五花三层"的肉。

肥而不腻、瘦而不柴、软烂香糯……这些诱人的词汇一股脑都搬出来，也都不如吃上一口来得真切。

德州市风味（德州扒鸡、齐河空心面）

德州扒鸡

德州地处中国华东地区，系黄河下游冲积平原，是山东的西北大门，德州地方特产众多，其中德州扒鸡、保店驴肉、乐陵金丝小枣被称为德州三宝。三宝之首——德州扒鸡，全称"德州五香脱骨扒鸡"，它凭借着独特的香味、鲜嫩的口感闻名国内，甚至远销海外，被诸多食客誉为"天下第一鸡"。

德州扒鸡制作技艺起源于明代，由烧鸡演变而来。康熙三十一年，在德州城西门外大街，有一个叫贾建才的烧鸡制作艺人，他经营着一间烧鸡铺，有一次他店里负责看火的伙计不小心睡着了，耽误了烧鸡出锅的时间，他赶忙将烧鸡拿出来的时候却发现烧鸡的香味异常浓郁，客人纷纷称赞：不只是肉烂味香，就连骨头一嚼也是又酥又香，真可谓穿香透骨了。

据贾氏谱系记载，在一代代传人的努力下，德州扒鸡制作技艺日臻完善，有别于烧鸡造型和色泽的扒鸡脱颖而出：烧鸡整体侧卧改为正卧，

两腿插入腹腔，两翅从脖颈插入口衔而出，端正而卧，犹如"鸭"浮水面，口衔羽翎。色泽、口味上也有了改进和提高，达到了骨肉分离的程度，这就是德州扒鸡的雏形。整个制作技艺要经过宰杀、整形、上色、煮鸡等11道工序，配16种药材，经蜜汁浇灌、素油烹炸、精工扒制而成。随着津浦铁路和石德铁路的先后通车，德州成为水陆交通的一个重要枢纽。来往客商的增多使扒鸡销量大增，扒鸡制作店铺遍布城乡，成为支撑这一方经济的主要产业，销路也延伸到了大江南北。

据史料记载，康熙四十一年，康熙第四次南巡，住在德州城吕家街他的启蒙老师田雯家中。田雯献上德州扒鸡，皇帝龙颜大悦，御封"神州一奇"，钦定为贡品。50年后，乾隆下江南时吃到德州扒鸡，下旨把扒鸡制作艺人王喧召进皇宫御膳房，从此，德州扒鸡的名声遍布全国。

在当今山东各地，大街小巷都可以看到"德州扒鸡"的商铺。众所周知，新鲜出炉的扒鸡味道是最好的，但是为了保质量、保口感，真空包装的德州扒鸡风靡齐鲁各大商超，这种真空包装的扒鸡是不需要加热的，开袋即食，真空包装的扒鸡如果加热会导致鸡肉老化，味道也会大大减弱！

齐河空心挂面

　　齐河县，隶属山东省德州市，位于德州市最南端，与济南隔黄河相望。齐河县潘店镇地处德州、聊城两市交界处，为鲁西北古镇，甘甜的黄河水、充足的光照和四季分明的暖温带半湿润季风气候，极其适宜优质冬小麦生长，也造就了当地一款特色美食：空心挂面。

　　潘店空心挂面历经10个小时16道工序，制作工艺包括和面、切面、盘条、网面、醒面、分扦、拉面、切面等工序，全部手工。齐河的空心挂面手艺人要靠天吃饭，天气预报是他们每天必看的节目，因为只有晴天微风才可以做。挂面可以拉伸到两米左右，面细细长长，在阳光的照耀下金光闪闪，迎着微风轻轻摇摆。再经过最后的晾面、切面、绑面工序后，空心挂面就算完成了。阳光照晒，微风吹拂，面向面皮靠拢，在挂面的断面处形成小气孔，看似空心，因此叫空心挂面。

　　潘店空心挂面制作技艺始于乾隆年间，相传乾隆皇帝下江南路过山东潘店，知府奉上手工作坊制作的空心挂面，乾隆食用后直夸好吃，便将潘店空心挂面定为了宫廷面。从此该技术一直流传至今。

　　潘店手拉空心挂面条细如丝，洁白如玉，且空心如竹，入锅即熟，营养丰富，入口柔软爽滑。绝对是懒人必备，开水一煮，既快捷又美味，有条件的再配上一只德州扒鸡，简直是绝配！

滨州市风味（沾化锅子饼、芝麻酥糖）

沾化锅子饼

在滨州的市中心有一座雕塑：一个制作小吃的老人，旁边是一个女人带着孩子，从孩子的眼神中就能看出对这种美味小吃的垂涎。不错，这座雕塑刻画的正是山东滨州的地方著名小吃——滨州锅子饼。锅子饼就如同这个城市的符号，深深地烙印在小城人们的心里。

据县志中记载，在滨州有一邢氏人家，祖传制作锅子饼，技艺从不外传。很多到县城的人，都是慕名而来专门品尝他们家制作的锅子饼，故滨州锅子饼又称为"邢家锅子饼"。县城每年秋天都会起大型的集会，又称为

"赶会"，周围十里八乡的老百姓来赶会，除了游逛购物，很多人都是为了来尝一尝这闻名遐迩的邢家锅子饼。如果邢家的人出摊制作锅子饼，赶会的人就特别多；如果邢家没有出摊，来赶会的老百姓就特别少，故有了"邢家不出摊，滨县不起会"的说法。

锅子饼为滨州传统名吃，以其工艺简单而做法精细，烙出的饼皮一分为二，饼薄如纸，一张单饼蒙在书本上，能看清下面的字迹，这才算达到标准。一张张薄饼，手抓成团、手放回弹，清香暄软、麦香浓郁，单是这锅子饼的饼皮都让人垂涎。锅子饼馅料的炒制也无处不渗透着鲁菜的影子，粗犷豪迈、一气呵成。传统的锅子饼只有两种馅料：猪头肉豆腐与素三鲜。随着人们经济水平的提高，现在的锅子饼馅料变得越来越丰富。最考验人的技术活是在热锅中卷饼，这也是用平底锅的一个重要原因。炒好的馅料往平底锅的边缘一扒拉，三角铲划出适量炒好的馅料，堆成长条。锅中热油"滋滋"冒着声响，趁热取一张饼皮，盖在馅料上面，双手熟练地向怀中一带，伴随着饼皮翻转，馅料便成功卷在薄如蝉翼的饼皮里面。把两头向里折叠，防止漏馅，把锅子饼卷严。

沉甸甸地拿在手上，一口咬出一个月牙形，酥而不硬、香而不腻、味鲜可口，饼与馅完美融合在一起，焦柔相济、清香味美。穿梭在琳琅满目的集会上，感受满满的乡土气息及儿时的小城记忆。

芝麻酥糖

酥糖始于明万历，盛于清乾隆年间，代代秘传，传统工艺，古法秘制。芝麻酥糖这类小吃在江苏、北京等地皆有，滨州的芝麻酥糖更是有传承与历史。

1853年3月，太平军攻陷南京，国家动乱，战事频发，常立亭（常云鸾的爷爷）逃荒至天津杨柳青，为生存，常立亭等3人跟随芝麻酥糖的创始人学做酥糖，师徒四人相依为命，以芝麻酥糖为营生手艺。

　　1860年，太平军战败前夕，仨徒弟告别师傅，一个去北京，一个留守天津，而常立亭回到滨州（原惠民地区）。回滨州后，常立亭开始购置设备办起小作坊，做起芝麻酥糖的小买卖，酥糖一做出来，便得到百姓的喜爱。每逢集市，常立亭都会将数量不多的酥糖献给乡亲父老。不久后，"常家糖坊"家喻户晓。

　　芝麻酥糖以蔗糖、白芝麻、香油为原料，经过8道传统手工工艺加工而成。从精选芝麻开始，到洗净、脱皮、炒熟、过筛、碾碎、熬糖、打糖、绾花成型、拉丝、包装，需经10多个工艺流程，每一道工序都不能怠慢。将白糖、香油和适量水在200多度的高温下熬制，待糖浆表面成焦黄色，沸腾金花，立即倒在擦油石板上，用两根竹棍挑起，反复拉伸搅条，拉呈白色顺丝为佳；再将糖坯放置加热的芝麻面锅中，一块小糖坯在手中与芝麻面结合，不断地旋转绾花，随翻随沾芝麻，经过16—18圈的手工缠绕绾花后，一颗芝麻酥糖就成型了，每块均匀拉出2000根丝左右，每一根丝细都可穿针。成型后的芝麻酥糖摆到盘内低温晾透，鬼斧神工的手工拉扯出这细如发丝的酥糖，轻轻捻起一根，咬一口酥了一手心，既不粘牙也不粘手，那甜甜的滋味，入口即化的口感，令人回味无穷。

　　在老一辈的基础上，当地师傅不断钻研创新，让酥糖拥有了核桃、花生、桂花、蔓越莓等多种口味。如果你路过此地，一定记得带一份回去！

淄博市风味（豆腐箱、博山酥锅）

豆腐箱

　　豆腐箱历史悠久，大概在清代成型。清乾隆《御茶膳房·膳底档》中记载，乾隆皇帝膳单中常会出现一道"厢子豆腐"，厢即箱。相传乾隆皇帝南巡时，曾到淄博博山，当地招待用膳时有豆腐箱这道菜，乾隆用后赞不绝口，后来这道菜便常出现在乾隆皇帝的膳单中，并为满汉全席九白宴中的热菜四品之一。

　　豆腐箱，顾名思义，就是用豆腐做成的小箱子，而且是一个内有乾坤的豆腐箱子。以豆腐为主要原料，切成条块状，炸至金黄，中间挖空填入精心炒制的馅料再上锅蒸制，最后浇上芡汁而成，摆入盘内仿佛一个个盛满珍宝

的金色箱子，故名"豆腐箱"，又叫"山东豆腐箱""齐国豆腐箱"。

金黄色的豆腐箱子吃起来柔软又劲道，还吸饱了汤汁，里面满满的馅料，皮韧馅嫩，鲜咸美味。整道菜荤素搭配，吃起来特别有满足感，虽是经过了油炸，但因为后续又经过了蒸制和浇汁，吃起来一点也不腻口。其外形独特，寓意吉祥，口感细腻，满口浓香。在吃豆腐箱的时候，注意里面的宝藏不要掉出来，一起吃下才是最好。

美食的真趣在于它并不取决于烹饪材料是否名贵，也不取决于制作过程是否繁复，常常最平凡的烹饪材料、最简单的制作过程，却能做出最色香味俱佳的佳肴。博山豆腐箱因其独特的做法及风味登上了人民大会堂国宴之列，深受中外宾客的关注和喜爱。现在，博山豆腐箱更是走进了寻常百姓家，大大小小的博菜馆里，豆腐箱成了人们必点的一道菜。

博山酥锅

　　淄博是国家历史文化名城，历史悠久，为齐文化的发祥地，世界足球起源地。博山区名胜古迹齐长城是世界文化遗产长城的组成部分，众多的美食也是在这里发源，在淄博有句话："家家做酥锅，一家一个味。"咦？这是一道什么美食？一起去看看。

　　酥锅，确切来说是博山酥锅，是山东省淄博市博山地区特色传统名吃，属于鲁菜系。博山人对于过年特别重视。过去人穷，过年就特别隆重——早早地就准备年货，早早地就开始准备年节大菜。在各种各样的博山年节菜中，有一样菜是必不可少的，那就是著名的"博山酥锅"。博山人对于做酥锅，有一种近乎神圣的执念：家家都做，好像没有了酥锅就不是过年。所谓"穷也酥锅，富也酥锅"，那是说做酥锅的原料可以根据自己的条件来搭配，便有了百家百味。

　　关于酥锅的来历还有一则故事：相传于北宋年间，北宋大诗人苏轼前往山东诸城赴任太守，途径颜神店（今博山区）购置陶瓷器皿，苏轼的妹妹苏小妹从一位窑工那里获知了用砂锅制作"大锅菜"的配方，于是就想制作一

锅让哥哥品尝。苏小妹改变了颜神窑工传统混合放菜的做法，创新地使用了层层摆放的办法。她先把白菜厚厚地铺在底层，然后把猪肉、海带、鱼、豆腐、白菜等菜样按层摆放，在锅盖上还横放了一块底面平整的石头，以增加压力，防止香气外漏。

也许是因为太过劳累，晚上看火的苏小妹在厨房睡着了，一觉醒来已经是天亮。这时砂锅已经被火烤裂，炉灶里的火也被汤汁浇灭，但因为菜压得实，反倒完好无损。香喷喷的味道已经弥漫了整个院落，连苏轼也被这香气吸引过来。苏轼品尝后赞不绝口，称这道菜兼备鲜、香、酥、嫩的特点，还不停称赞小妹多才多艺。人们为了纪念苏小妹，便把这道菜命名为"苏锅"，又因其酥烂可口，改称作"酥锅"。

酥锅的原料比较丰富，有白菜、藕、海带、炸豆腐、鸡、鸭、带皮五花肉、带鱼、排骨、猪蹄等，其中肉类除了鱼必有外其他可以根据自家的情况酌情加入。白菜是最重要的，酥锅不需要额外加水，大部分水分都是白菜提供，而且白菜本身那鲜甜的味道也是酥锅最重要的底味！做酥锅用的海带也一定要用大片的厚海带，大片的厚海带更耐煮更有嚼劲，并且是会越嚼越香的。酥锅材料的摆放也相当讲究，传统酥锅制作过程大概需要10个小时左右的时间或者更长。但是现代天然气和高压锅的使用，使制作酥锅的时间大大缩短。

东营市风味（利津水煎包、黄河口大闸蟹）

利津水煎包

　　黄河在山东东营入海，孕育出"共和国最年轻的土地"——黄河三角洲，黄河三角洲融合黄河、海洋、陆地三大自然生态要素，这片土地因河而生，因油而兴，随处可见的提油机是这个城市的特色，黄蓝交汇的入海口是这个城市的名片。其美食也有不少，在东营的城乡集市里，无处不见特色小吃的身影——利津水煎包。

　　因利津古城的整体轮廓恰似一只凤凰，头朝东、尾向西；西出城门的三股官道，犹如凤凰尾巴上的三根长翎。所以，昔时利津城又被冠以凤凰城的美名。凤凰城紧邻黄河，自古人杰地灵，物产丰富，地方名吃繁多，盐窝

全羊汤、黄河故道鲜鱼汤、北岭丸子等享誉四方，其中的代表——利津水煎包，香飘凤凰城，百年不绝。

利津水煎包最为有名，用大的柴油桶中间掏出个洞用作烧火的灶，柴油桶的底就是天然锅，再安上烟囱，一个水煎包煎锅就做好了。利津县城，到处可见利津水煎包店的影子，在很多大型的宾馆酒店，利津水煎包也被端上了大席，成为利津县城宾馆酒店必不可少的面点。"好孩子，好羔子，赶集地，买包子。""别打爷爷嘴啊，留着爷爷嘴嚼包包吃。"这两句利津民谣中的包子就是利津水煎包，可见水煎包在世世代代利津人心中的地位。

据史料记载，利津水煎包始于清光绪年间，且不说其历史有多久远，走在利津的大街小巷、村村落落、集贸市场，到处都能见到水煎包店，店面虽然不大但名气却不小。大街上若能闻到烧木柴的味道，那离水煎包店就不远了，再走近一点，韭菜和噶渣儿的香味就会扑鼻而来。随着老板一声拖长音的"来哎，咱出锅！"众食客们会齐刷刷地站起来，每人拿上一个盘子，排队等自己的包子。

水煎包的吃法是很讲究的，地道的利津人总是用筷子夹起水煎包，从没噶渣儿的那端咬第一口……知道为什么吗？这还得从水煎包的制作过程说起。正宗的利津水煎包是用发好的白面做剂子，馅以韭菜为主，也有用白菜或粉条的。包子的菜和肉是分别包进去的，娴熟的包子工先填一些韭菜，压实后再放上腌制好的肉馅，五花肉手切成丁，最后撮上口，放进方形的盘子里。打包子的师傅往锅里放包子时，先是撮口朝下，干烧锅煎一阵子，再倒入调好的面糊水，趁着包子漂着时，用一个长条铲子快速把包子翻过来，这才盖上锅盖，大火烧五六分钟，然后改中火煨制，最后打上油出锅。这是为了让包子在成熟的过程中，肉的味道下沉到韭菜里去，还能保证韭菜不因过早腌制而颜色变暗。因此，地道的利津人都知道包子里的肉在哪面，第一口该先咬哪儿，最后一两口再吃那脆脆的噶渣，这

才是一个水煎包完整的吃法。

　　无论是视觉享受还是味蕾享受，都融合在这一盘刚出锅的水煎包里了。吃完包子的食客们不会马上就走，还要再喝点茶水或者来两碗玉米糊糊溜溜缝，边喝边拉呱，好一阵子尽兴之后，这才剔着牙离开。

　　在利津这个地方，早晨起来、下班回家或者起屋上梁、秋收时节找人帮忙等，人们都会去买些水煎包回来，再配上一锅稀饭或做个汤之类的，就算非常方便的美餐啦。

　　利津水煎包用的是一个初夏满月大的盘子盛装的，水煎包皆是圆柱形的，齐齐地立着，像一顶顶小型的厨师帽，皮表呈麦黄色。有人说利津水煎包方方正正像官帽，而它更象征着热情的利津人民中规中矩的民俗和民风。众食客对水煎包的良好口碑，也正诠释着利津父老乡亲厚道的人品和淳朴的内涵。

黄河口大闸蟹

说起螃蟹，有句话说得好："南有阳澄湖，北有黄河口。"黄河在陆地奔腾的终点处——黄河三角洲。海河相会处形成大面积浅海滩涂和湿地。这里水质是弱碱性弱硬性水，含带大量营养盐，水草丰茂，饵料生物丰富，孕育出了黄河口大闸蟹。优质充沛的黄河水，丰茂的芦苇资源，为黄河口大闸蟹繁殖生长提供了条件。

黄河口大闸蟹，学名中华绒螯蟹，俗称毛蟹、清水蟹等，是我国著名的淡水蟹。优质大闸蟹的特点是，青背、白肚、黄毛、金爪。黄河三角洲丰富的资源养育了肉质鲜美的黄河口大闸蟹，这种大闸蟹膏满黄肥，通常以清蒸为主，保存大闸蟹的原汁原味。大闸蟹色泽橙黄，肉鲜香甜美。

蟹身里的蟹黄更是呼之欲出，垂涎欲滴。雄蟹满满都是蟹膏，任由它在舌尖掀起一阵腥风血雨，便是回味无穷。鲜香的蟹黄多到流油，顺着蟹肚流到指缝。绵软黏糯的膏、黄一抿即化，细细品来，舌尖鲜香，更有一丝清甜的余味在口中久久不散。更妙的是，即便刚才双手上阵地"武吃"，剥完蟹壳蟹腿的手上也不带半点腥味，反而留有淡淡的蟹肉余香。黄河口大闸蟹自带甜味，蟹黄、蟹膏和白白嫩嫩的蟹肉在唇间铺天盖地地绽放，舌尖上的鲜甜久久不会散去。

"七月的风，八月的雨，黄河的水里畅游着你；青色的背，雪白的底，金爪横行不拘理；秋风吹，秋雨起，又到水美蟹肥时，我在黄河口上等着你。"来黄河入海口，品黄河口大闸蟹，你将不虚此行。